핵심만 쏙쏙
파이썬
PYTHON

양숙희·오경선·장은실 **공저**

KB020868

YD 연두에디션
Edition

저자 약력

양숙희(Yang SukHee) │ ysh8460@skku.edu
2002년 동국대학교 교과교육학과 컴퓨터공학전공 (교육학석사)
2016년 동국대학교 경영대학원 경영정보 (경영학박사)
2012년 ~ 현재 연소프트 기술지원 팀장
2003년 ~ 현재 신구대 겸임교수, 대학교(단국대, 건국대, 상명대) 외래교수
2018년 ~ 현재 성균관대학교 소프트웨어대학 초빙교수
관심분야 : 소프트웨어 교육, 컴퓨팅 사고, 프로그래밍 교육, SW융합교육, etc.

오경선(Oh KyungSun) │ skyal@konkuk.ac.kr
2002년 상명대학교 교과교육학과 정보컴퓨터교육 전공 (교육학석사)
2016년 성균관대학교 일반대학원 교과교육학과 컴퓨터교육 전공 (교육학박사)
2017년~2019년02월 단국대학교 SW중심대학 강의전담조교수
2019년 03월~현재 건국대학교 상허교양대학 조교수
관심분야 : 소프트웨어 교육, 컴퓨팅사고, 프로그래밍교육, SW융합교육, etc.

장은실(Jang Eunsill) │ janges@skku.edu
2001년 동국대학교 교과교육학과 컴퓨터공학전공 (교육학석사)
2007년 동국대학교 일반대학원 컴퓨터공학과 (공학박사)
2008년~2011년 동국대학교 산업기술연구원 전임연구원
2016년~2018년 ㈜명리 개발지원팀 이사
2018년~현재 성균관대학교 소프트웨어대학 초빙교수
2018년~현재 성균관대학교 성균SW교육원
관심분야 : 소프트트웨어 교육, SW 융합교육, SW영재 융합교육, SW영재 담당교원 역량강화, etc.

핵심만 쏙쏙 **파이썬**

발행일 2020년 2월 10일 초판 1쇄
          2022년 2월 25일 초판 2쇄
지은이 양숙희 · 오경선 · 장은실
펴낸이 심규남
기 획 염의섭 · 이정선
표 지 이경은 │ **본 문** 이경은
펴낸곳 연두에디션
주 소 경기도 고양시 일산동구 동국로 32 동국대학교 산학협력관 608호
등 록 2015년 12월 15일 (제2015-000242호)
전 화 031-932-9896
팩 스 070-8220-5528
I S B N 979-11-88831-38-8
정 가 19,000원

이 책에 대한 의견이나 잘못된 내용에 대한 수정 정보는 연두에디션 홈페이지나 이메일로 알려주십시오.
독자님의 의견을 충분히 반영하도록 늘 노력하겠습니다.
홈페이지 www.yundu.co.kr

※ 잘못된 도서는 구입처에서 바꾸어 드립니다.

PREFACE

정보통신기술(ICT)을 비롯한 인공지능(AI), 로봇, 사물인터넷(IoT) 들이 다양한 산업들과 결합하여 사회, 경제, 산업, 직업과 개인의 삶에 이르기까지 변화시키는 4차 산업혁명으로 학문 간의 장벽이 허물어지고 있다. 또한 세계는 4차 산업혁명을 성공의 기회로 삼고자 무한 경쟁으로 돌입하는 중이다. 현재는 개인, 기업, 국가 모두가 4차 산업혁명에 대비해야 할 시점이다. 4차 산업혁명을 이끌 인재가 필요한 이유이기도 한다. 이러한 맥락으로 한 분야에서 독자적이고 뛰어난 기술을 만드는 능력에 중점을 두고 힘을 쏟았던 과거와는 달리, 이제는 다양한 분야 간에 관계를 찾아 연결하여 새로운 가치를 창출할 수 있는 능력에 중점을 두고 힘을 쏟고 있는 중이다.

이에 우리는 다양한 분야 간에 관계를 찾아 연결하여 새로운 가치를 창출할 수 있는 능력 중에 자신의 아이디어를 컴퓨터가 이해할 수 있도록 구현하는 것을 중요한 부분이라고 보았다. 자신의 아이디어를 구현하는데 있어서 프로그래밍언어에서 꼭 필요한 부분만을 선택하여 프로그래밍의 기초 지식을 쌓는데 도움을 주고자 하였다.

프로그래밍언어를 통한 SW교육에 대한 역효과를 우려하는 목소리는 'SW비전공자'들에 대한 교육의 효과성이다. SW전공 교과과정에 기반을 둔 프로그래밍언어로 접근하는 것은 비전공 학부생들에게 공감을 불러일으키기가 어려운 것도 사실이다. 따라서 비전공 학부생들의 SW교육에 대한 역효과를 줄이고, 누구나 SW교육에 효과를 거두기 위해 프로그래밍 입문자에게 가장 적합한 파이썬 언어를 선택하고 파이썬의 핵심내용, 수준별 실습 예제로 구성하였다.

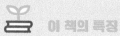

이 책의 특징

- 파이썬의 핵심적인 부분을 다룬다.
- 파이썬을 처음 배우는 학습자도 이해하기 쉽게 구성되었다.
- 비전공자와 전공자에 따라 학습을 선택적으로 진행할 수 있도록 하였다.

이 책의 구성

- 본 교재의 전반부에서는 파이썬 언어의 특징에 따른 변수와 연산자, 입·출력함수, 기본 자료형, 컬렉션 자료형, 선택문과 반복문을 학습하여 파이썬 언어의 기초적인 문법에 대하여 학습한다.
- 본 교재의 후반부에서는 반복문, 선택문과 반복문의 활용, 함수, 파일 입·출력까지 학습하여 다양한 실생활 문제를 파이썬으로 해결하는 종합 프로젝트 실습을 진행한다.

이 교재는 수년간 파이썬 프로그래밍 언어를 가르친 경험으로 학생들이 보다 더 쉽게 파이썬 언어를 활용할 수 있도록 핵심적인 내용을 바탕으로 실습 예제 중심으로 집필하였다. 코딩을 전공하지 않은 사람에게는 보다 쉽게 이해할 수 있도록 노력하였고, 전공자들도 보다 폭 넓게 학습할 수 있도록 다양화 하려고 힘썼다. 특히 다양한 예제를 통해 기본적인 내용을 배우고 실습하는데 그치는 것이 아니라, 파이썬을 활용한 코딩의 경험을 통해 문제해결 접근 방식을 체득하게 될 것이다. 그리고 학습을 거듭할수록 일상생활의 문제를 컴퓨팅적사고기반의 문제해결방법으로 접근하는 SW기초 역량을 향상 할 수 있을 것으로 기대한다. 모쪼록 이 책을 통하여 더 많은 것을 탐구하기 위한 밑바탕인 파이썬 언어를 이해하고 활용하는데 많은 분들이 도움을 받았으면 한다.

끝으로 이 책을 집필하는 동안 함께 고민하고 연구하는데 힘이 되어준 집필진 여러분께 감사를 표하며, 이 책이 만들어지기까지 많은 도움을 주신 연두에디션에 깊은 감사의 말씀을 전한다.

저자

강의계획

학습 진도표

주	비전공자		전공자	
1	1장	왜 파이썬인가?	1장	왜 파이썬인가?
2	2장	변수와 연산자	2장	변수와 연산자
3	3장	입출력 함수	3장	입출력 함수
4	4장	기본 자료형	4장	기본 자료형
5	5장	컬렉션 자료형	5장	컬렉션 자료형
6	6장	선택문	6장	선택문
7	7장	반복문	7장	반복문
8	중간고사			
9	7장	반복문	8장	선택문과 반복문 활용
10	8장	선택문과 반복문 활용	9장	함수
11	9장	함수	10장	파일처리
12	11장	종합 프로젝트 실습1	11장	종합 프로젝트 실습1, 2, 3
13	11장	종합 프로젝트 실습2	11장	종합 프로젝트 실습4, 5
14	11장	종합 프로젝트 실습3, 4	11장	종합 프로젝트 실습6, 7
15	기말고사			

CONTENTS

1

Why
Python?

- 파이썬의 특징과 필요성을 설명 할 수 있다.
- 파이썬을 설치하여 실행 할 수 있다.

최근 4차 산업혁명으로 학문간의 장벽이 허물어지고, 정보통신기술을 비롯한 인공지능, 로봇, 사물인터넷 등 다양한 산업들이 결합되어 우리의 삶은 크게 변하고 있다. 과거에는 한 분야에서 독자적이고 뛰어난 기술을 가지는 것이 중요했다면 이제는 다양한 분야 간에 관계를 찾아 연결하여 새로운 가치를 창출할 수 있는 것이 중요하게 되었고, 이는 4차 산업혁명을 이끌 핵심 요소가 되었다.

4차 산업혁명에 필요한 능력이란 무엇일까?

자신이 속한 분야에서 4차 산업의 본질을 이해하고 능동적으로 일할 수 있는 힘이라 말 할 수 있을 것이다. 4차 산업혁명 시대는 현상적으로 초연결, 초지능, 초현실 등으로 나타나지만 결국에 모든 분야에 "컴퓨팅 내재화"로 귀결된다. "컴퓨팅 내재화"는 자신의 영역에 컴퓨터과학 원리와 개념을 활용하여 논리적으로 풀어낼 수 있는 방법을 통해 배양된다. 우리는 이것을 컴퓨팅사고라 한다. 컴퓨팅사고를 함양할 수 있는 효율적인 도구가 프로그램 언어다. 프로그램 언어로 코딩하는 과정 속에서 컴퓨팅사고를 길러낼 수 있는 것이다. 그러므로 전 세계에서는 컴퓨팅사고를 기르기 위한 방법으로 코딩교육에 힘을 쏟고 있고, 국내도 예외는 아니다.

1.1 왜 파이썬인가?

우리는 수많은 프로그래밍 언어 중 왜 파이썬을 선택해서 배우는가?

이유는 간단하다. 쉽게 배울 수 있기 때문이다. C++와 같은 프로그래밍언어는 컴퓨터에게 구체적이고, 세세한 명령을 제시해야한다. 프린트하는 예를 보면 쉽게 이해할 수 있다.

Python	C++
| ```
a=100
print(a)
``` | ```
#include <iostream>
usign namespace std;
int main(){
    int a = 100;
    cout << a << endl;
    return 0;
}
``` |

파이썬의 2줄이 훨씬 편하고 쉽다는 것을 알 수 있다. 더욱이 파이썬은 자주 사용하는 영어 키워드를 사용하기 때문에 가독성이 매우 좋다.

단순히 쉽다는 이유라면 '스크래치와 같은 교육용 프로그래밍 언어가 더 좋은데?' 라고 생각할 수도 있다. 파이썬의 경우 스크래치와 같은 교육용 프로그래밍 언어와 다른 것은 다음 표에서 제시된 세계적으로 많이 사용되고 있는 프로그래밍 언어의 순위에서 알 수 있듯이 실무에서 많이 사용된다는 점이다.

Feb 2019	Feb 2018	Change	Programming Language	Ratings	Change
1	1		Java	15.876%	+0.89%
2	2		C	12.424%	+0.57%
3	4	^	Python	7.574%	+2.41%
4	3	⌄	C++	7.444%	+1.72%
5	6	^	Visual Basic .NET	7.095%	+3.02%
6	8	^	JavaScript	2.848%	-0.32%
7	5	⌄	C#	2.846%	-1.61%
8	7	⌄	PHP	2.271%	-1.15%

〈출처: https://untitledtblog.tistory.com/151〉

구글의 경우 소프트웨어의 50%이상이 파이썬으로 만들어져있다. 이외에도 여러분이 자주 접속하는 인스타그램, 드롭박스도 파이썬으로 만들어졌다.

또한 파이썬을 선택하는 이유 중 하나는 학습하는데 편하다는 것이다. 궁금한 것이 있을 때 쉽게 인터넷을 통해 공부할 수 있는 환경이 제공된다. 많은 커뮤니티를 통해서 기본적인 문법을 공부할 수도 있고, 다양한 학습 툴이 제공되기도 한다.

마지막으로 파이썬을 선택하는 이유는 강력하다는 것이다. 어느 환경이든 사용할 수 있고 다른 프로그래밍언어와 결합하여 다양한 환경에서 쉽게 실행된다. 파이썬과 C의 경우, 프로그램의 전반적인 뼈대는 파이썬으로 만들고, 빠른 실행 속도가 필요한 부분은 C로 만들어서 파이썬 프로그램 안에 포함시킨다. 우리가 사용하는 파이썬 라이브러리 중에는 파이썬만으로 제작된 것도 많지만 C로 작성한 것도 많다.

Python 특징

1. 문법이 쉽고, 프로그램의 작성이 간단하다.
2. 실무에서 많이 사용되어 활용한다.
3. 학습 환경이 풍부하다.
4. 다른 프로그래밍언어와 결합하여 다양한 환경에서 실행가능하다.

1.2 파이썬으로 무엇을 할 수 있는가?

파이썬으로 할 수 있는 일은 아주 많다. 이유는 간단하다. 파이썬은 쉽고 깔끔하게 처리하기 때문이다. 파이썬으로 할 수 있는 일들을 나열하면 수도 없이 많지만, 몇 가지를 정리하면 다음과 같다.

(1) 시스템 유틸리티 제작

파이썬은 운영체제(윈도우, 리눅스 등)의 시스템 명령어를 자체적으로 가지고 있다. 그렇기 때문에 이를 바탕으로 갖가지 시스템 유틸리티를 만드는 데 유리하다.

※ 유틸리티란 컴퓨터 사용에 도움을 주는 여러 소프트웨어를 말함

(2) GUI 프로그래밍

GUI(Graphic User Interface) 프로그래밍이란 사용자가 쉽게 사용할 수 있도록 화면에 그래픽 기반으로 마우스나 키보드로 조작할 수 있는 메뉴, 버튼, 그림과 같은 프로그램을 말한다. 파이썬은 GUI 프로그램을 만들기 쉽다. 파이썬 프로그램을 설치 할 때 함께 설치된 tkinter(티케이인터)를 이용해 GUI프로그램을 만들 수 있다. tkinter를 사용하면 단 3줄의 소스 코드만으로 윈도우 창을 띄울 수 있다.

코드	실행결과
```python\nimport tkinter as tk\nroot = tk.Tk()\nroot.mainloop()\n```	

(3) 웹 프로그래밍

우리는 익스플로러나 크롬과 같은 웹 브라우저를 이용해 웹 서핑을 한다. 이때 인스타그램에 글을 남기거나 댓글을 달았던 경험이 있을 것이다. 또는 상품평에 글을 작성하기도 한다. 이러한 프로그램을 웹 프로그램이라고 한다. 파이썬을 이용해 웹 프로그램 만들 수 있다. 구글이나 드롭박스도 파이썬을 사용한다.

(4) 수치 연산 프로그래밍

파이썬은 NumPy라는 수치 연산 모듈을 제공한다. 데이터 분석을 할 때 기초 라이브러리로 사용된다. 이 모듈은 C로 만들어졌기때문에 수치 연산이 빠르다.

```
import numpy as np

a = np.array([1, 2, 3])          # rank가 1인 배열 생성
print (type(a))                  # 출력 "<type 'numpy.ndarray'>"
print (a.shape)                  # 출력 "(3,)"
```

(5) 데이터분석

판다스(Pandas)는 파이썬 데이터 처리를 위한 라이브러리이다. 판다스(pandas)라는 모듈을 이용하면 데이터 분석을 쉽게 할 수 있다.

파이썬코드	실행결과
```import pandas as pd sr = pd.Series([17000, 18000, 1000, 5000], index=['피자', '치킨', '콜라', '맥주']) print(sr)```	피자 17000 치킨 18000 콜라 1000 맥주 5000 dtype: int64

그렇기 때문에 파이썬을 이용한 데이터 분석과 같은 작업에서 필수 라이브러리로 알려져 있다.

Python으로 할 수 있는 일

1. 시스템 유틸리티 제작
2. GUI 프로그래밍
3. 웹 프로그래밍
4. 수치 연산 프로그래밍
5. 데이터분석

그러나 시스템과 밀접한 프로그래밍 영역, 모바일 프로그래밍은 파이썬으로 할 수 없는 영역이다. 하드웨어를 직접 접근해야하는 윈도우, 리눅스와 같은 운영체제, 빠른 속도를 요구하는 연산이 필요한 프로그램 등을 만드는 것은 파이썬에 어울리지 않다. 또

한 구글이 가장 많이 사용하는 파이썬을 사용하지만 안드로이드 어플로 개발하는 것은 어렵다. 이와 마찬가지로 파이썬은 아이폰 어플을 개발할 수 없다.

> Python으로 할 수 없는 일
> 1. 시스템과 밀접한 프로그래밍 영역
> 2. 모바일 프로그래밍

1.3 파이썬 설치 및 살펴보기

파이썬을 설치해 보자. 이 교재에서는 윈도우 실습환경을 다루기 때문에 다른 운영체제의 경우 파이썬 홈페이지(http://www.python.org)의 설명을 참고하여 설치해 보자.

(1) 파이썬 설치하기

01 가장 먼저, 파이썬 홈페이지에서 윈도우용 파이썬 언어를 선택하여 다운로드한다. 이때 python3.x로 시작하는 버전 중 가장 최근 버전을 선택하자.

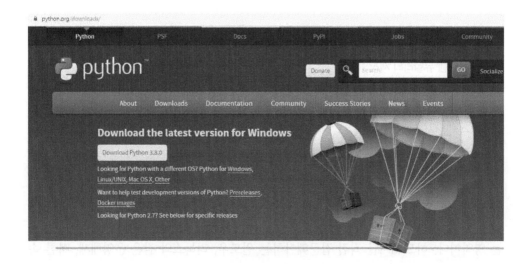

02 다운로드 받은 파이썬 설치 프로그램을 선택하여 실행한다. 이때, path를 체크한 후 Install Now를 선택한다.

03 설치가 완료되면 [close]를 클릭하여 종료한다.

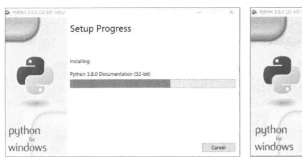

04 python이 성공적으로 설치되었다면 프로그램 메뉴에서 확인이 가능하다.

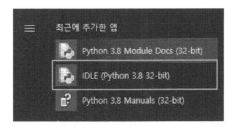

> Python설치하기
>
> 1. 파이썬 홈페이지(http://www.python.org)접속하여 최신버전 다운로드
> 2. 설치 프로그램을 선택한 후 path를 체크하고, Install Now를 선택
> 3. 설치가 완료되면 [Close]를 클릭하여 종료
> 4. 시작 프로그램에서 Python 메뉴 확인

(2) 파이썬 살펴보기

파이썬 프로그래밍 본격적으로 배우기 전에 파이썬을 살펴보자.

01 IDLE을 선택하여 실행하자. 파이썬 IDLE(Integrated Development and Learning Environment)은 파이썬 프로그램 작성을 도와주는 통합개발 환경이다.

IDLE는 크게 두 개의 창으로 구성된다.

02 IDLE 메뉴를 실행하면 IDLE Shell창이 먼저 나온다.

이러한 Shell창에서는 파이썬을 실행할 수 있지만 저장은 할 수 없다. 또한 Shell
창에서는 IDLE편집 창에서 작성한 파이썬 프로그램을 실행한 출력결과를 확인
할 수 있다.

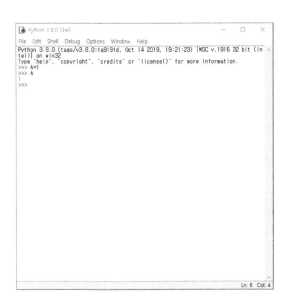

03 프로그램은 IDLE 편집 창에서 작성한다. 이제 IDLE Shell창에서 [File]-[New
File]을 선택하여 편집창을 실행해 보자.

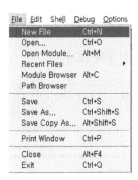

다음과 같이 빈 문서의 창이 나타나고, 이것이 IDLE편집창이다.

04 이제 IDLE 편집창에서 간단한 파이썬 프로그램을 작성해 보자.

```
# 첫 번째 파이썬
print('반갑습니다')
```

위에서 '# 첫 번째 파이썬' 문장은 주석이다. #으로 시작하는 문장은 해당 문장 끝까지 프로그램 수행에 전혀 영향을 주지 않는다. 주석은 프로그램 소스에 설명을 작성할 때 사용한다. print()는 화면에 출력하는 함수이다. 'print('반갑습니다')'는 '반갑습니다'라는 문구를 출력하라는 명령문이다.

05 위에서 작성한 프로그램을 실행해 보자.

IDLE 편집 창 메뉴에서 [Run → Run Module]을 선택한다(단축키: F5).

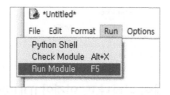

프로그램을 실행하면 파일을 저장하라는 작은 창이 나온다.

[확인]을 선택하고 'C:W 문서' 디렉터리를 생성한 후 first.py라는 이름으로 저장
해 보자. py는 파이썬 파일임을 알려주는 확장자 이름이다.

파일을 저장하면 파이썬 프로그램이 실행되고 결과는 IDLE Shell 창에 표시된다.

위의 예에서 살펴봤듯이 파이썬에서는 하나의 문장을 끝내는 방식을 줄바꿈을 이용해서 작성한다. 이것을 명령문(Statement)이라고 한다. 명령문이란 컴퓨터에게 우리의 생각을 이해시키고 동작을 실행하도록 하는 하나의 표현 단위이다. 컴퓨터 프로그램이란 이러한 여러 개의 명령문들을 모아 놓은 것이다. 파이썬은 좀 더 쉽게 프로그램을 작성할 수 있도록 이러한 명령문의 끝을 줄 바꿈을 이용해 표현한다. 그러나 a=1 b=2 print(a+b)을 한 줄로 표현할 경우, 파이썬에서는 문법 오류 가 일어나게 된다. 하나의 구문(Statement)이 끝나면 반드시 줄 바꿈을 해야 한다.

 알아두기

문법 오류(Syntax Error)란?
하나의 언어를 표현하는 규칙을 '문법'이라고 한다. 컴퓨터는 조금만 문법에 어긋나더라도 이해하지 못하고 오류를 일으킨다. 이러한 오류를 '문법 오류'라고 한다. 컴퓨터 프로그램은 반드시 문법 오류가 없는 완벽한 명령문들의 집합으로 구성된다.

본 교재의 실습에서 하나의 명령문의 결과를 즉시 확인하고자 할때는 IDLE Shell창을 사용하고, 여러 명령문을 한번에 작성하거나 여러 번 사용할때는 IDLE 편집창을 이용한다.

파이썬 에디터 프로그램

① 파이참
파이썬에 어느 정도 익숙해졌다면 파이참(PyCharm)을 사용하면 편리하다. 파이참은 많이 사용하는 파이썬 에디터 중 하나로서 코드를 작성할 때 자동 완성, 문법 체크 등 편리한 기능을 많이 제공한다. 파이참 공식 다운로드 사이트(http://www.jetbrains.com/pycharm/download)에서 내려 받을 수 있다.

② 비주얼 스튜디오
비주얼 스튜디오 코드(Visual Studio Code)는 파이참과 더불어 많이 사용하는 대표적인 파이썬 에디터이다. 비주얼 스튜디오 코드는 공식 다운로드 사이트 (https://code.visualstudio.com)에서 내려 받을 수 있다.

2

변수와
연산자

학 습 목 표

- 변수의 개념과 특징을 이해할 수 있다.
- 파이썬에서 제공되는 다양한 연산자를 이해할 수 있다.
- 변수와 다양한 연산자를 활용하여 문제를 해결할 수 있다.

2.1 변수에 대한 이야기

(1) 변수의 개념

아래 그림의 공통점은 무엇일까요?

변수는 값을 저장하는 공간으로 값을 담아두는 그릇 또는 박스로 생각할 수 있다. 변수는 컴퓨터 기억장치(메모리)에 만들어지며, 저장된 값은 프로그램 실행 중에 언제든지 꺼내서 다시 사용할 수 있고 필요에 따라 변수에 저장된 값은 바뀔 수도 있다.

- 변수(variable)는 쉽게 변하는 수로 프로그램이 동작하면서 어떤 상황 혹은 상태에 따라 변화하는 어떤 자료(데이터)를 담아 두기 위해 사용하는 개념이다.
- 변수명 = 값 형식으로 사용하며 특정 값을 저장하고 기억하기 위한 목적으로 사용된다.
- 변수에는 숫자형(정수, 실수), 문자형(문자열형), 불, 리스트, 딕셔너리 등 거의 대부분의 무언가를 할당할 수 있다.
- 컴퓨터에서 값을 저장하는 기억장치(메모리) 공간으로 변수를 사용하면 효율적인 프로그램을 작성할 수 있다.

(2) 변수 특징

- 일시적으로 자료를 저장하는 공간이다.

- 변수에 저장된 값은 변할 수 있다.

- 변수에는 숫자, 문자열 등 모든 자료형을 저장할 수 있다.

- 변수에는 다른 변수의 값도 저장할 수 있다.

- 변수는 사용되기 전에 반드시 할당되어 있어야 한다.

표 2.1 변수 생성과 변수 사용

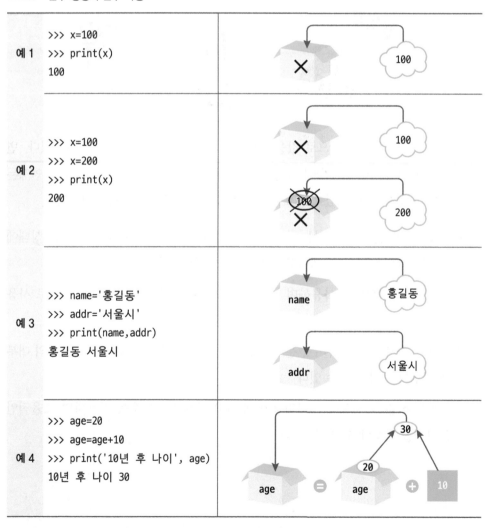

예 1	```>>> x=100```
	```>>> print(x)```
	```100```

예 2	```>>> x=100```
	```>>> x=200```
	```>>> print(x)```
	```200```

예 3	```>>> name='홍길동'```
	```>>> addr='서울시'```
	```>>> print(name,addr)```
	```홍길동 서울시```

예 4	```>>> age=20```
	```>>> age=age+10```
	```>>> print('10년 후 나이', age)```
	```10년 후 나이 30```

Warning

파이썬에서 값이 할당되지 않은 변수를 사용한다면 오류가 발생한다.

```
>>> a=a+1
Traceback (most recent call last):
  File '<pyshell#8>', line 1, in <module>
    a=a+1
NameError: name 'a' is not defined
```

변수이름 = 값
예 name = 'Kim'

구조

할당(assignment)

변수이름   값

name은 변수명, ' '안에 있는 Kim은 데이터, 즉 값이라는 뜻이다.
파이썬에서 변수에 문자열 데이터를 할당할 때는 따옴표(' ' 또는 " ")안에 써야 한다.

 파이썬에서는 변수는 값이 할당되는 순간에 생성되며 프로그래밍 언어에서 등호(=)는 오른쪽 값
을 왼쪽에 저장(할당)한다는 의미이며 왼쪽은 저장 공간을 의미한다. 프로그램에서는 등호(=)를
대입연산자 부른다.

Note

print() 함수

프로그래밍에서 함수는 어떤 특별한 기능을 하도록 만들어진 코드의 묶음이다. print() 함수는
(...)안에 주어진 값들을 출력하는 기능을 한다.

(3) 변수를 사용하는 이유

프로그램에서 데이터를 변수에 저장해놓으면 필요할 때 마다 꺼내 사용할 수 있다.

예제 2-1	변수를 사용하지 않은 소스 코드

```
print('Hello python')
print('Hello python')
print('Hello python')
print('Hello python')
print('Hello python')
```

생각해보기

만약 여러분들이 영어로 된 문장을 한글로 바꾸고 싶다면 ?
소스코드가 5줄부터 훨씬 더 많아진다면 ?

예제 2-2	변수를 사용한 소스 코드

```
hello='안녕 파이썬'
print(hello)
print(hello)
print(hello)
print(hello)
print(hello)
```

실행 결과

안녕 파이썬
안녕 파이썬
안녕 파이썬
안녕 파이썬
안녕 파이썬

문제 해결

변수는 데이터를 보관하고 변경이 가능하며 반복적으로 사용하는 데이터는 반드시 변수에
저장되어야 한다.

2.2 변수 생성 및 규칙

모든 프로그래밍 언에는 변수명을 작성하는 규칙이 있으며, 파이썬에서 변수를 만들고 값을 할당할 때 지켜야 할 규칙은 아래와 같다.

- **규칙1** : 영문자, 숫자, 밑줄(_)로 구성될 수 있으며 첫 글자는 반드시 영문자/언더바 (_)로 시작합니다. 언더바(_) 제외한 특수문자는 사용할 수 없다.

  > 예 num(O), _num(O), num1(O), 1num(X), num#(X)

- **규칙2** : 공백이 들어가면 안 된다.

  > 예 student_num(O), student num(X),

- **규칙3** : 대문자와 소문자를 구별한다. Name과 name은 다른 변수이다.
- **규칙4** : 파이썬에서 다른 용도로 사용되는 예약어는 변수명으로 사용할 수 없다.

```
>>> import keyword
>>> print(keyword.kwlist)
['False', 'None', 'True', 'and', 'as', 'assert', 'async', 'await',
'break', 'class', 'continue', 'def', 'del', 'elif', 'else', 'except',
'finally', 'for', 'from', 'global', 'if', 'import', 'in', 'is', 'lambda',
'nonlocal', 'not', 'or', 'pass', 'raise', 'return', 'try', 'while',
'with', 'yield']
```

■ 유효한 변수명

```
age
_count      # 밑줄 문자로 시작 가능
num3        # 맨 처음이 아니라면 숫자도 포함 가능
stu_no      # 밑줄 문자가 중간 포함 가능
```

■ 유효하지 않은 변수명

```
2name          # 숫자로 시작할 수 없음
student no     # 공백을 포함 할 수 없음
money@         # @와 같은 특수문자 사용 안 됨
if             # 예약어 안 됨
```

 TIP 좋은 변수명 원칙

- 짧게 줄이는 것보다는 의미 전달이 잘 되게 하는 것이 좋다.
  예 전화번호를 저장하기 위한 변수로 pn보다는 phone_num가 좋다.
- 변수명은 간단명료한 것이 좋다.
- 변수명은 전체 프로그램에서 하나의 일관된 규칙으로 작성하는 것이 좋다.
  예 phoneNum와 phone_num를 혼용해서 쓰지 않는다. 파이썬은 소문자와 언더바가 섞여 있는 형식을 주로 사용한다.

예제 2-3   **본인의 이름과 나이를 변수에 저장한 후 출력**

```
# 본인 이름과 나이 출력

name='나코딩'
age=20

print(name)
print(age)
```

실행 결과

```
>>>
나코딩
20
```

Note

파이썬의 주석처리
- 한 줄 주석처리 : #
- 여러 줄 주석처리 : ''' ~ ''' / """ ~ """

2.3 다양한 타입의 변수

변수에 들어 있는 자료의 값에 따라 변수의 형태가 결정된다. 파이썬은 다른 프로그래 밍 언어와는 달리 값을 할당하면 그때 타입이 결정되기 때문에 훨씬 더 쉽게 사용할 수 있으며 type(변수이름)을 통해 변수의 타입을 알아볼 수 있다.

아래와 같이 변수에 값을 넣고 변수의 타입을 알아보자.

표 2.2 다양한 타입의 변수

예 1
정수형
	>>> num=100
	>>> type(num)
	\<class 'int'>
		num 100
		메모리

예 2
실수형
	>>> num=95.5
	>>> type(num)
	\<class 'float'>
		num 95.5
		메모리

예 3
문자열형
	>>> name='홍길동'
	>>> type(name)
	\<class 'str'>
		name 홍길동
		메모리

예 4
불형
	>>> result=True
	>>> type(result)
	\<class 'bool'>
		result True
		메모리

자료형	의미	예시
int	integer, 정수	n=100
float	float, 부동 소수점	n=95.5
str	string, 문자열	n='Kim' n="Kim"
bool	boolean	n=True n=False

2.4 산술연산자

파이썬에서 사용하는 기본적인 산술연산자는 다음과 같다.

연산자	의미
+	더하기
-	빼기
*	곱하기
/	나누기
%	나머지
**	제곱
//	몫

산술연산자 : a= 10, b=20, c=2라 가정한다.

```
>>> a=10                    >>> a=10
>>> b=20                    >>> b=20
>>> a+b                     >>> a/b
30                          0.5
>>> a-b                     >>> a%b
-10                         10
>>> a*b                     >>> a**2
200                         100
                            >>> a//b
                            0
```

몫 연산자 활용 : 동전교환기
1000원짜리 지폐를 500원, 100원짜리 동전으로 교환

```
>>> money=1000
>>> money//500
2
>>> money//100
10
```

몫, 나머지 연산자 활용 : 구입 가능한 사탕의 수

```
>>> money=10000
>>> price=150
>>> numCandy=money//price
>>> change=money%price
>>> numCandy
66
>>> change
100
>>>
```

2.5 대입 연산자

대입(할당=assignment)연산자는 변수에 값을 할당하기 위하여 사용되는데, 기본적으로 = (등호)을 사용한다. 산술연산자와 함께 사용되어 할당을 보다 간결하게 하기 위해 사용되는 +=, -=, *=, /=, %=, //= 등과 같은 연산자도 대입연산자에 해당된다. 복합 대입 연산자는 코드를 간결하게 만드는데 도움이 될 수도 있지만, 너무 많이 쓰다보면 코드를 읽기가 어려워질 수도 있다.

연산자	의미	예시
=	왼쪽변수에 오른쪽 값을 할당	a=10
+=	왼쪽변수에 오른쪽 값을 더하고 결과를 왼쪽변수에 할당	a+=10 (a=a+10)
-=	왼쪽변수에 오른쪽 값을 빼고 결과를 왼쪽변수에 할당	a-=10 (a=a-10)
*=	왼쪽변수에 오른쪽 값을 곱하고 결과를 왼쪽변수에 할당	a*=10 (a=a*10)
/=	왼쪽변수에 오른쪽 값을 나누고 결과를 왼쪽변수에 할당	a/=10 (a=a/10)
%=	왼쪽변수에 오른쪽 값을 나눈 나머지의 결과를 왼쪽변수에 할당	a%=10 (a=a%10)
**=	왼쪽변수에 오른쪽 값만큼 제곱을 하고 결과를 왼쪽변수에 할당	a**=2 (a=a**2)
//=	왼쪽 변수에서 오른쪽 값을 나눈 몫의 결과를 왼쪽변수에 할당	a//=10 (a=a//10)

```
>>> a=10
>>> a
10
>>> a +=10
>>> a
20
>>> a *=2
>>> a
40
```

2.6 비교 연산자

비교 연산자(또는 관계 연산자)는 두 개 이상의 식 또는 변수의 비교를 위해 사용할 수 있으며 결과는 참(True) 또는 거짓(False)이다. 단독으로 사용되는 경우보다는 주로 조건문과 반복문에서 사용된다. 파이썬에서 사용할 수 있는 비교 연산자는 다음과 같다.

연산자	의미
==	값이 동일하다
!=	값이 동일하지 않다
>	왼쪽 값이 오른쪽 값보다 크다
>=	왼쪽 값이 오른쪽 값보다 크거나 동일하다
<	왼쪽 값이 오른쪽 값보다 작다
<=	왼쪽 값이 오른쪽 값보다 작거나 동일하다

```
>>> 10==10
True
>>> 10!=10
False
>>> 10>20
False
>>> 10<=20
True
```

2.7 논리 연산자

연산자	의미
and	논리 AND 연산. 둘 다 참 일때만 참
or	논리 OR 연산. 둘 중 하나만 참이여도 참
not	논리 NOT 연산. 논리 상태를 반전

```
>>> a=10
>>> b=60
>>> a<50 and b>50   # 비교연산자와 논리연산자 함께 사용
True
>>> a>50 or b<70
True
>>> not a>100
True
```

2.8 문자열 연산자

파이썬에서는 문자열을 더하거나 곱할 수 있다. 다른 언어에서는 쉽게 찾아볼 수 없는 재미있는 기능으로, 우리 생각을 그대로 반영해 주는 파이썬 만의 장점이라고 할 수 있다. 문자열을 더하거나 곱하는 방법에 대해 알아보자.

문자열 더하기 : +

```
>>> head='python'
>>> tail=' is fun!'
>>> head+tail
'python is fun!'
```

문자열 곱하기 : *

```
>>> w='python '
>>> w*5
'python python python python python '
```

 Note

*의 의미는 우리가 일반적으로 사용하는 숫자 곱하기의 의미와는 다르다. 위 소스 코드에서 w * 5 문장은 w를 5번 반복하라는 뜻이다. 즉 *는 문자열의 반복을 뜻하는 의미이다.

예제 2-4   문자열 곱하기 응용

```
print('='*20)
print('I love python')
print('I like python')
print('='*20)
```

실행 결과

```
>>>
====================
I love python
I like python
====================
```

2.9 변수 실습문제

실습 2-1

자동판매기에 투입한 돈과 물건 값이 아래와 같이 변수에 저장되었다고 가정하고 잔돈을 계산
하여 동전으로 거슬러주는 프로그램을 작성해보자.

• 가정 : 자판기는 동전 500원, 100원짜리만 거슬러준다
• Hint : 몫(//), 나머지(%) 연산자 활용

```python
money = 1600            # 투입한 돈
price = 1000             # 물건 값

change=money-price      # 잔돈
print('change ',change)

c500=change//500        # 500원 개수
change=change%500

c100=change//100        # 100원 개수

print('coin500 ',c500)
print('coin100 ',c100)
```

실행결과

```
>>>
change   600
coin500   1
coin100   1
```

실습 2-2

세 과목에 대한 성적을 각각 변수에 저장한 후 합계와 평균을 출력해보자.

```
kor,eng,math=100,100,100

hap=kor+eng+math
avg=hap/3

print('hap', hap)
print('avg', avg)
```

실행결과

```
>>>
hap 300
avg 100.0
```

실습 2-3

다음 코드의 실행결과 쓰시오.

```
num1=25
num2=10

print(num1 / num2)
print(num1 // num2)
print(num1 % num2)
```

실행결과

```
>>>
```

실습 2-4

다음 문제에 대한 가장 알맞은 조건식을 밑줄에 쓰시오.

1. 학년이 1학년이고 평균 취득학점이 4.50이상을 만족하는 조건식

   (학년은 year, 평균 취득학점은 score에 저장되어있다고 가정함)

   _____

2. 주소가 addr에 저장되어있다고 가정하고 주소가 서울이거나 경기도인 조건식

   _____

3. 토익점수가 800점이상이거나 교양전산에서 A학점인 조건을 만족하는 조건식

   (토익점수는 toeic, 교양전산은 com에 저장되어있다고 가정함)

   _____

실습 2-5

본인의 학교이름, 학과, 이름, 연락처를 변수에 저장하여 출력해보자.

- 변수명 : 학교이름(univ), 학과(dept), 이름(name), 연락처(phone)

2.10 변수 도전문제

2장 도전 1-1

정수의 각 자리수를 분리하여 출력하는 프로그램이다. 빈곳에 알맞은 답을 예측하시오.

조건 변수에 정수 396을 저장한 후 백의자리, 십의자리, 일의자리로 분리하여 출력하시오.

예 정수 123인 경우 백의자리 1,십의자리 2,일의자리 3의 결과를 출력

* Hint : 몫(//), 나머지(%) 연산자 활용

```python
n=396
print(n)
d100=_____    # 백의자리
n=n%100

d10=_____     # 십의자리
d1=n%10          # 일의자리

print('백의자리',d100)
print('십의자리',d10)
print('일의자리',d1)
```

실행결과
```
>>>
396
백의자리 3
십의자리 9
일의자리 6
```

2장 도전 1-2

초 단위 시간을 입력 받아서 몇 시간, 몇 분, 몇 초인지를 출력하는 프로그램이다. 빈곳에 알맞은 답을 예측하시오.

* Hint : 몫(//), 나머지(%) 연산자 활용

```
time=3700
print(time,'초')

minute=_____
second=_____

hour=_____
minute=_____

print('%d 시간' % hour)
print('%d 분' % minute)
print('%d 초' % second)
```

실행결과

```
>>>
3700 초
1 시간
1 분
40 초
```

2장 도전 1-3   성적 프로그램

조건   이번학기 수강하는 파이썬 과목은 성적반영비율이 아래와 같다.

(출석 : 10%, 과제 : 30%, 중간 : 30%, 기말 : 30%) 항목 점수가 각각 아래와 같이 입력되어 있다고 가정할 때 전체 총점을 출력하는 프로그램이다. 빈곳에 알맞은 답을 예측하시오.

```python
attend=100
homework=100
mid=100
final=100


_____


''' 효율적인 방법
total = attend * 0.1
total += homework * 0.3
total += mid * 0.3
total += final * 0.3
'''
print('total %d' % total)
```

실행결과

```
>>>
total 100
```

2장 도전 2-1 Cafe 프로그램

조건 커피 메뉴가 ame, cafelattee, cafemoca 있을 때 하루에 판매 된 수량이 각각 20,10,10 이라고 가정했을 때 총 매출액을 계산하는 프로그램을 작성하시오. 또한 하루 재료비가 100000원 일 경우 순이익을 구하시오.

- 변수명 : 아메(ame), 카페라떼(cafelattee), 카페모카(cafemoca), 총매출(total)
- 가격 : ame=2000, cafelattee=3000, cafemoca=4000

실행결과

```
>>>
total :  110000
순이익 :  10000
```

3

파이썬
입력과 출력

- 파이썬 자료 입력에 대하여 이해할 수 있다.
- 파이썬 input() 함수를 이용하여 자료를 입력 받고 저장할 수 있다.
- 입력 받은 자료를 다양한 자료형으로 변환하여 저장할 수 있다.
- 파이썬 자료 출력에 대하여 이해할 수 있다.
- 파이썬 print() 함수의 자료 출력에 대한 다양한 방법을 이해하고 활용할 수 있다.

파이썬을 이용하여 자료를 입력받고 출력하려면 input() 함수와 print() 함수를 이용한다. 3장에서는 input() 함수를 이용하여 자료를 입력 받고 저장하는 방법과 입력 받은 자료를 다양한 자료형으로 변환하여 저장하는 방법에 대하여 학습하고, print() 함수를 이용하여 출력하는 다양한 방법을 학습한다. 먼저 input() 함수를 이용하여 자료를 입력받는 방법에 대하여 살펴본다.

3.1 입력

input() 함수 내에 안내할 문자열을 포함시켜 사용한다. 만약 아무 메시지도 없이 커서가 깜빡 거린다면 사용자는 입력을 받으려는 대기 상태라고 이해하지 못하고 오류가 발생했다고 오해할 수도 있다.

예제 3-1	입력의 기본 형태

```
>>> input('이름 입력: ')
```

실행결과
이름 입력: **파이썬**
'파이썬'

예제 3-1)과 같이 실행하면 입력받은 '파이썬'이라는 자료는 저장되지 못하고 사라진다. 입력 받은 자료를 저장하기 위해서는 변수를 이용해야 한다. 예제 3-2)와 같이 input() 함수에 의해 입력 받은 자료는 name 이라는 변수에 저장한다. name 변수에 저장한 '파이썬' 문자열은 print() 함수를 이용하여 출력하여 확인하고 있다.

예제 3-2	입력 자료 저장

```
name = input('이름 입력: ')
print(name)
```

실행결과

```
>>>
이름 입력: 파이썬
파이썬
```

파이썬은 input() 함수에 의해 입력 받은 모든 자료를 문자열로 저장한다. 문자열로 저장한다는 의미는 숫자를 입력하더라도 문자열로 저장되어 원하는 연산이 이루어질 수 없다는 것을 의미한다. 예제 3-3)과 같이 input() 함수에 의해 입력 받은 10은 a 변수에, 20은 b 변수에 저장하고 a와 b를 더하여 출력했더니 '1020'이 출력된 것을 확인할 수 있다.

예제 3-3	문자열로 입력된 자료

```
a = input('첫 번째 숫자 입력: ')
b = input('두 번째 숫자 입력: ')
print(a+b)
```

실행결과

```
>>>
첫 번째 숫자 입력: 10
두 번째 숫자 입력: 20
1020
```

그렇다면, input() 함수로 입력받은 숫자를 연산하기 위해서는 어떻게 하면 좋을까? 예제 3-4)와 같이 input() 함수 앞에 입력 받은 자료를 int 자료형을 이용하여 정수형의 숫자로 변환하여 저장했더니 a 변수와 b 변수를 더한 결과가 숫자 30 으로 출력된 것을 확인할 수 있다.

예제 3-4	정수형으로 입력된 자료

```
a = int(input('첫 번째 숫자 입력: '))
b = int(input('두 번째 숫자 입력: '))
print(a+b)
```

실행결과
```
>>>
첫 번째 숫자 입력: 10
두 번째 숫자 입력: 20
30
```

입력 받은 숫자가 실수라면 예제 3-5)와 같이 float 자료형을 이용하여 실수형의 숫자로 변환하여 저장한다.

예제 3-5	실수형으로 입력된 자료

```
c = float(input('숫자 입력: '))
print(c)
```

실행결과
```
>>>
숫자 입력: 3.7
3.7
```

3.2 출력

파이썬을 이용하여 자료를 출력하려면 print() 함수를 이용한다. print() 함수를 이용하여 출력하는 예는 예제 3-6)과 같다.

예제 3-6　　**출력의 기본 형태**

```
>>> print('파이썬으로 출력')
파이썬으로 출력
```

---

(1) 콤마(,)를 이용한 출력

파이썬은 크게 3가지 종류의 출력 형태가 있다. 콤마(,)로 구분하여 출력하는 형태, %
형식지정자를 이용하는 형태, format() 함수를 이용하는 형태이다. 다음 예제 3-7)은
콤마(,)로 구분하여 출력하는 예제이다.

예제 3-7　　**콤마(,)로 구분하여 출력**

```
name = input('이름 입력: ')
print('입력하신 이름은', name)
```

실행결과

```
>>>
이름 입력: 파이썬
입력하신 이름은 파이썬
```

---

(2) % 형식지정자를 이용한 출력

자료형을 지정하여 출력하는 % 형식지정자 출력 형태는 내용과 % 형식지정자를 원하
는 순서대로 따옴표 안에 작성한다. % 형식지정자에 대응되는 변수를 % 뒤에 순서대
로 작성한다. 다음 예제 3-8)은 %s 형식지정자를 이용하여 출력하는 예제이다.

예제 3-8　　**%s 형식지정자를 이용하여 출력**

```
name = input('이름 입력: ')
print('입력하신 이름은 %s' % name)
```

실행결과

>>>
이름 입력: **파이썬**
입력하신 이름은 파이썬

% 형식지정자에 대응되는 변수가 한 개인 경우에는 괄호를 생략할 수 있지만, 두 개 이상인 경우에는 % 뒤에 괄호 안에 변수들을 작성해야 한다. 다음 예제 3-9)는 %d 형식지정자를 이용하여 출력하는 예제이다.

예제 3-9	%d 형식지정자를 이용하여 출력

```
a = int(input('첫 번째 숫자 입력: '))
b = int(input('두 번째 숫자 입력: '))
print('%d + %d = %d' % (a, b, a+b))
```

실행결과

>>>
첫 번째 숫자 입력: **10**
두 번째 숫자 입력: **20**
10 + 20 = 30

다음과 같이 2개 이상의 % 형식지정자를 사용하는 경우에 % 형식지정자와 변수는 순서대로 대응되어 적용된다.

$$\text{print('\%d + \%d = \%d' \% (a, b, a+b))}$$

다음 예제 3-10)는 %f 형식지정자를 이용하여 출력하는 예제이다. %f 형식지정자는 소수점이 있는 숫자인 경우에 적용하는 % 형식지정자이다.

예제 3-10 　　　**%f 형식지정자를 이용하여 출력**

```
a = int(input('첫 번째 숫자 입력: '))
b = int(input('두 번째 숫자 입력: '))
print('%d + %d = %f' % (a, b, a/b))
```

실행결과

```
>>>
첫 번째 숫자 입력: 5
두 번째 숫자 입력: 2
5 / 2 = 2.500000
```

위의 예제 3-10) 에서 보면 5/2의 결과 값을 2.500000 으로 출력한 것을 확인할 수 있다. 소수점 이하 자리를 원하는 만큼 출력하려면 다음과 같이 %f 를 %.2f 로 수정하면 된다. 이는 소수점 이하 2자리까지만 출력하라는 의미이다.

$$\text{print('\%d + \%d = } \boxed{\%.2f} \text{' \% (a, b, a/b))}$$

print() 함수의 % 형식지정자의 종류에는 %s, %d, %f 외에도 여러 가지가 있지만, 대표 형식지정만 잘 숙지하도록 한다.

(3) format() 함수를 이용한 출력

format() 함수를 이용하여 출력하는 형태는 내용과 중괄호 { }를 원하는 순서대로 따옴표 안에 작성한다. 중괄호에 대응되는 변수는 점(.) 작성 후 format() 함수 안에 순서대로 작성한다. 다음 예제 3-11)은 format() 함수를 이용하여 출력하는 예제이다.

예제 3-11 　　　**format() 함수를 이용하여 출력**

```
a = int(input('첫 번째 숫자 입력: '))
b = int(input('두 번째 숫자 입력: '))
print('{0} * {1} = {2}'.format(a, b, a*b))
```

```
실행결과
>>>
첫 번째 숫자 입력: 3
두 번째 숫자 입력: 5
3 * 5 = 15
```

다음은 중괄호와 format() 함수 안의 변수들을 순서대로 대응하여 출력한 형태이다. 중괄호 안의 번호는 대응되는 변수의 순서로써 인덱스라고 부르며, 0부터 시작한다.

```
print('{0} * {1} = {2}'.format(a, b, a*b))
```

중괄호 순서대로 변수를 대응하여 출력할 때는 인덱스가 생략 가능하지만, 순서를 변경하여 출력할 때는 인덱스를 원하는 대로 올바르게 작성해야 한다. 또한 자료를 여러 번 반복하여 출력할 때는 반복되기 원하는 자료의 인덱스를 포함한 중괄호를 여러 번 반복하여 작성한다. 예제 3-12)은 중괄호 순서를 원하는 대로 변경하고 자료를 반복하여 출력한 예제이다.

예제 3-12	중괄호 순서를 변경하고 자료를 반복하여 출력

```
print('{1} {1} 빛나는 {0}'.format('별','반짝'))
```

```
실행결과
>>>
반짝 반짝 빛나는 별
```

변경된 중괄호 순서와 반복하여 출력한 자료를 대응하여 살펴보면 다음과 같다.

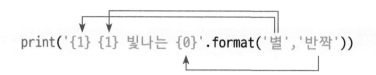

```
print('{1} {1} 빛나는 {0}'.format('별','반짝'))
```

format() 함수를 이용한 출력은 앞으로 다루는 예제들을 통하여 익숙해지기로 한다.

3.3 입력과 출력 실습

실습 3-1

본인의 학번과 이름을 입력 받아 콤마(,)를 이용하여 출력한다.

```
hakbun = input('학번 입력: ')
name = input('이름 입력: ')
print('학번은',hakbun,'이고, 이름은',name,'입니다.')
```

실행결과

```
>>>
학번 입력: 201900000
이름 입력: 파이썬
학번은 201900000 이고, 이름은 파이썬 입니다.
```

실습 3-2

반지름을 입력 받아 원의 넓이를 계산 후 % 형식지정자를 이용하여 출력한다.

```
radius = int(input('반지름 입력: '))
area = 3.14 * radius * radius
print('원의 넓이는 %.2f 입니다.' % area)
```

실행결과

```
>>>
반지름 입력: 5
원의 넓이는 78.50 입니다.
```

실습 3-3

가로 및 세로 길이를 입력 받아 사각형의 넓이를 계산 후 format() 함수를 이용하여 출력한다.

```
width = int(input('가로 길이 입력: '))
height = int(input('세로 길이 입력: '))
area = width * height
print('가로: {}, 세로: {}, 넓이: {}'.format(width, height, area))
```

실행결과

```
>>>
가로 길이 입력: 10
세로 길이 입력: 20
가로: 10, 세로: 20, 넓이: 200
```

실습 3-4

다음 파이썬 코드의 실행 결과를 작성하시오.

```
account = 100000
name = input('회원이시면 이름 입력: ')
account += 1000
print('%s 회원님에게 1000 point 지급' % name)
print('{} 회원님 잔고: {} point'.format(name, account))
```

실행결과

```
>>>
회원이시면 이름 입력: 파이썬
```

3.4 입력과 출력 도전문제

3장 도전 1-1

시간의 초를 입력 받아 분과 초를 출력하는 실행 결과가 나오도록 빈칸을 완성하시오.

```
total = [        ] ([        ] ('시간의 전체 초 입력: '))
min = total // 60
sec = total % 60
print('%d 초: %d 분 %d 초' [                    ])
```

실행결과

```
>>>
시간의 전체 초 입력: 753
753 초: 12 분 33 초
```

3장 도전 1-2

출생연도를 입력 받아 한국 나이를 출력하는 실행 결과가 나오도록 빈칸을 완성하시오.

```
name = input('이름 입력: ')
year = int(input('출생년도 입력: '))
age = 2019 - year + 1
print('{} 님의 한국 나이는 {}살'[                    ])
```

실행결과

```
>>>
이름 입력: 홍길동
출생년도 입력: 2001
홍길동 님의 한국 나이는 19살
```

3장 도전 1-3

밑변과 높이를 입력 받아 삼각형의 넓이를 출력하는 실행 결과가 나오도록 빈칸을 완성하시오.

```
base = [      ] (input('밑변의 길이: '))
height = [      ] (input('높이의 길이: '))
area = (base * height) / 2
print('밑변 [      ], 높이 [      ] 인 삼각형의 넓이: [      ] % (base, height, area))
```

실행결과

```
>>>
밑변의 길이: 3.5
높이의 길이: 9.7
밑변 3.50, 높이 9.70 인 삼각형의 넓이: 16.97
```

3장 도전 2-1

본인의 키를 입력 받아 표준 체중을 출력한다.

• 공식: 키-100*0.9

실행결과

```
>>>
키 입력: 180
키 180cm 의 표준 체중은 72kg 입니다.
```

3장 도전 2-2

숫자 2개를 입력 받아 사칙 연산을 출력한다.

실행결과

```
>>>
첫 번째 숫자 입력: 20
두 번째 숫자 입력: 10

20 + 10 = 20
20 - 10 = 10
20 * 10 = 200
20 / 10 = 2.0
```

3장 도전 2-3

세 과목의 점수를 입력 받아 총점과 평균을 출력한다.

실행결과

```
>>>
국어 점수: 86
영어 점수: 82
수학 점수: 97
국어:86점, 영어:82점, 수학:97점 ⇒ 총점:265.00, 평균:88.33
```

4

기본 자료형

- 자료형이 무엇인지 설명할 수 있다.
- 자료형에 따른 차이점을 설명할 수 있다.
- 자료형을 이용하여 코딩을 작성할 수 있다.

변수란 값을 저장할 수 있는 기억공간이다. 변수를 이용하면 숫자를 세거나 수식을 계산하는 등 다양한 명령을 쉽게 만들 수 있다. 변수는 변수를 나타내는 고유의 이름인 '변수명'을 선언해야 한다. 파이썬에서는 "변수명=자료(data)" 라고 쓰면 변수 선언이 완료된다.

4.1 변수 되돌아 보기

변수란 값을 저장할 수 있는 기억 공간이고, "어떤 값에 대해 이름표"를 붙이는 것과 같다. 다음의 예를 통해 변수를 이해해 보자.

음식을 다 만들면 그릇에 담는 것은 당연할 순서이다. 만약 음식을 그릇에 담지 않으면 먹는데 애를 먹는다. 프로그램 언어를 비유하자면 음식은 실제 값인 데이터이고, 음식을 담는 그릇은 변수가 된다. 그릇에는 담기는 음식이 항상 같은 것은 아니다. 늘 다른 음식들로 채워 질 것이다. 그릇에 담길 음식이 항상 같지 않는 것처럼, 데이터 또한 변할 수 있다고 하여 변수라고도 한다. 여러분이 게임 아이디를 만드는 것도 실제로는 컴퓨터가 변수를 이용하는 방법 중의 하나이다. 변수는 어떤 데이터를 담는 그릇으로 지정하는 것이 좋을까? 다음의 예를 보자.

보라가 (웹툰)을 본다.
보라가 (유투브) 를 본다.
보라가 (스마트폰)을 본다.
보라가 (버스)를 본다.

앞에 있는 여러 문장을 줄이면 "보라가 (   )을/를 봅니다"로 나타낼 수 있다. 이때, 계속해서 변하는 데이터가 들어오는 부분()을 변수로 지정하여 규칙을 만들면 좀 더 유연하고 효율적인 문장의 표현 방법이 될 것이다. 이처럼 공통으로 계속해서 변하는 데이터가 들어오는 부분을 변수로 사용하는 것이 좋다.

이러한 변수는 이름을 가진다. 변수의 이름으로 프로그램 중간마다 불러 사용하기 때문이다. 만약 변수의 이름이 없다면 프로그램 중간에 원하는 변수를 사용할 수 없을 것이다.

우리가 연락처 어플을 이용해 저장하는 경우를 생각해 보자.

앞에서 살펴 보았던 변수의 예를 생각해 보자. 많은 사람들이 연락처 어플을 사용할 경우 계속변하는 데이터가 들어오는 부분은 이름, 직장, 전화번호, 이메일이라는 것을 알 수 있다. 이름, 직장, 전화번호, 이메일이 변수이고, 프로그램에서는 우리가 입력하는 실제 데이터를 각 변수를 이용해 저장한다.

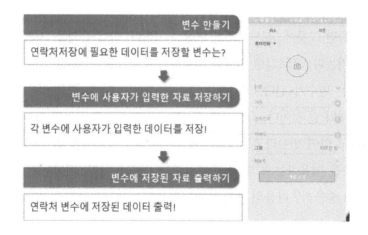

실제적으로 변수로 들어오는 값들을 입력이라고 보고, 입력된 데이터를 가지고 처리과정을 거쳐 출력을 하는 구조가 완성 된다. 이와 관련된 내용을 파이썬 코드로 나타내면 다음과 같이 작성할 수 있다.

```python
이름=input('이름:')
직장=input('직장:')
전화번호=input('전화번호:')
이메일=input('이메일:')
```

4.2 기본 자료형

자료형이란 자료의 종류를 구분해 놓은 것이다. 자료형으로는 정수(Integer)형 자료와 문자열(String) 자료 등이 있다. 4.1에서 살펴보았던 연락처 어플에서의 각 변수의 자료의 타입은 무엇일까? 특별히 수학적인 계산을 사용하지 않고 문자그대로 저장하는 경우가 많기 때문에 문자형(String)이라는 것을 유추해 낼 수 있다. 이러한 자료형을 고려하여 우리는 그동안 입력과 출력에서 사용해 왔다. 굳이 자료의 종류를 구분하는 이유는 무엇일까? 재미있게도 컴퓨터는 21+218은 239라는 것은 재빨리 계산할 수 있지만 3+"python"은 어떻게 할지 모른다. 컴퓨터에게 어떻게 연산을 하는지 알려주기 위해서는 '**변수는 정수형이야', 혹은 '**변수는 문자야'라는 의미로 자료의 타입을 구분해야 처리를 할 수 있다.

(1) 수치 자료형

파이썬에서는 수(number)의 타입을 '정수'와 '실수'로 구분한다. 수학에서 3과 3.0을 3과 같다고 하지만 파이썬에서 3과 3.0은 다르다고 본다.

3	int (정수형)
3.0	float형 (실수형)

정수는 소수점을 사용하지 않는 경우에 사용하는 것이 좋다. 나이차이, 연도, 월, 일, 개수, 등수, 과목수와 같이 소수점이 나오지 않는 경우 사용한다.

실수는 소수점을 사용하는 경우에 사용하는 것이 좋다. 과목평균, 시력, 키와 같은 경우가 소수점이 나오기 때문에 실수에 적합하다.

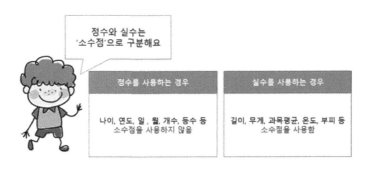

파이썬에서는 input함수를 사용하면 사용자가 입력한 값이 string으로 인식된다. type 함수를 사용하면 자료 형을 확인할 수 있다.

정수형과 문자열형

```
num=input('수를 입력하세요')
print(type(num))
```

실행결과

수를 입력하세요 45
```
<class 'str'>
```

입력받은 값을 숫자형식으로 변경하려면 원하는 값 형태로 강제 형 변환을 한다. 정수 형으로 입력받기 위해서는 int()를 사용한다.

문자열형 데이터의 형변환

```
num1=int(input('1st:'))
num2=int(input('2st:'))
print(num1+num2)
```

실행결과

```
>>>
1st:3
2st:3
6
```

실수형으로 입력받기 위해서는 float()를 사용한다.

문자열형 데이터의 형변환

```
num1=float(input('1st:'))
num2=float(input('2st:'))
print(num1+num2)
```

실행결과
```
>>>
1st:3
2st:3
6.0
```

정수와 정수의 나눗셈 연산은 어떻게 될까? 다음을 실행해 보자.

정수형 나눗셈

```
>>> 4/2
2.0
```

실행결과
```
>>> 5/2
2.5
```

정수형 나눗셈의 경우 실수형(float)인 2.0인 것을 확인할 수 있다. 정수형 나눗셈인데 어떻게 실수형이 나올 수 있지? 이상하게 생각할 것이다. 이것은 우리가 정수형의 나눗셈의 결과가 정수형일 때 생기는 오류를 피하기 위해서이다. 파이썬에서는 5/2와 같은 정수형의 나눗셈의 결과를 실수형 2.5로 정확하게 나타내기 위해 나눗셈의 연산의 경우 데이터형과 상관없이 모두 float로 할당된다.

만약 정수형과 실수형의 연산의 결과는 어떤 데이터형이 될까?답은 float이다.

정수형과 실수형 연산

```
>>> a=3+3.0
>>> print(type(a))
<class 'float'>
```

---

(2) 문자형

우리가 어플을 이용해 로그인을 할 경우 아이디를 입력하고 비밀번호를 입력한다. 정수일까 아니면 실수일까? 수 자료형은 아니다. 문자 그대로를 이용하는 문자형(String)이다. 파이썬에서는 문자를 따옴표인 Single Quotation(') 또는 Double Quotation("")를 이용하여 문자형으로 나타낸다. 만약 사용자로부터 입력받은 값을 사용한다면, 입력함수를 다른 자료형으로 변환하지 않고 사용한다.

예제를 통해 이름을 입력받고, 자료형을 확인해 보자.

입력함수와 문자형

```
>>> name=input('name:')
name:홍길동
>>> print(type(a))
<class 'str'>
```

① 문자형 병합

두 수를 더하는 연산자는 '+'이다. 이 연산자를 문자형 사이에 사용하면 문자형 데이터들을 합친다. 다음의 예를 실습해 보자.

문자형의 병합

```
>>> first_name=input('first_name:')
oh
>>> last_name=input('last_name:')
kyungsun
>>> print(first_name+last_name)
ohkyungsun
```

이처럼 '+'연산을 사용하면 각 문자 또는 문자열을 합쳐서 하나의 문자열로 만든다.

② 문자열의 길이

웹사이트를 가입할 때 아이디의 길이를 제한하거나, 비밀번호의 길이는 6글자 이상인 경우처럼 문자열의 경우 총 몇 개의 문자가 있는지 파악해야하는 경우가 있다. 이때 사용하는 함수가 len()이다. len()은 문자 또는 문자열의 길이를 알려준다. 다음의 예를 실습해 보자.

문자열의 길이

```
>>> id=input('ID:')
oh
>>> print(len(id))
2
```

다음의 예의 결과를 예상해 보자.

문자열의 길이

```
>>> condition='I am Happy'
>>> print(len(condition))
```

출력결과는 10이다. 공백(Space)도 문자로 인식되기 때문에 알파벳 7개, 공백 3개가 있어서 총 10개의 문자로 인식한다.

③ 문자형의 인덱스

파이썬은 문자열의 각 문자마다 인덱스 번호(왼쪽부터는 0부터 시작, 오른쪽부터는 −1부터 시작)를 매겨서 해당 문자를 가리킨다.

문자마다 가지고 있는 인덱스 번호는 0 번부터 시작한다. 또한 문자뿐 아니라 공백(space)도 인덱스가 부여된다. 이해를 돕기 위해 "good luck" 이라는 문자열을 입력한 다음 이 문자열의 부분 문자열을 출력하는 프로그램을 살펴보자.

문자열과 인덱스

```
>>> str='good luck'
>>> str[0]
'g'
```

---

④ 문자열의 일부분 추출

문자열의 인덱스 번호를 활용하여 일부분을 추출하는 것이 가능하다. 이것을 slice라 한다. 문자열을 일부분 추출할 때 사용하는 범위 [n:m]의 의미는 n번째부터 m-1번째 까지를 의미한다. [:m]은 처음부터 m-1번째까지를 의미하고, [n:]은 n부터 문자열의 마지막까지를 의미한다. 다음의 예의 결과를 예상해 보고 실습해 보자.

문자열과 인덱스

```
>>> str='good luck'
>>> str[5:9]
'luck'
>>> str[5:]
'luck'
>>> str[:4]
'good'
>>>
```

4.3 기본 자료형 실습

실습 4-1

다음 파이썬 코드의 결과를 예측해 보자

```
>>>name='happy'
>>>location='seoul'
>>>print('My name is'+ name + '.'+'I live in'+location+'.')
```

실행결과

```
>>>
```

실습 4-2

다음 파이썬 코드의 결과를 예측해 보자

```
>>>str1='happy python'
>>>str2='cheer up'
>>>print(len(str1)+len(str2))
```

실행결과

>>>

실습 4-3

다음 파이썬 코드의 괄호 안 결과를 예측해 보자

```
>>>music='beautiful my life'
>>>len(music)
(              )
>>>music[:7]
(              )
>>>music[3:]
(              )
>>>music[2:5]
(              )
```

실행결과

>>>

실습 4-4

다음 파이썬 코드의 실행결과는 무엇인가?

```
>>>title='toy story 4'
>>>title[4:9]
```

실행결과

```
>>>
```

4.4 기본 자료형 도전문제

4장 도전 1-1

다음 파이썬 코드의 실행 결과가 나오도록 괄호 안을 채우자.

```
>>>name='hong gildong'
>>>family_name=(          )
>>>print(family_name)
```

실행결과

```
>>> hong
```

4장 도전 1-2

사용자로부터 연필의 개수와 펜의 개수를 입력받아 총 가격을 계산하는 프로그램을 작성하려고 한다. 그러나 다음 파이썬 코드의 실행 결과, 원하는 결과를 얻을 수 없다. 문제가 되는 명령문을 수정한 후 올바른 실행결과를 출력해 보자.

```
pencil=input('연필개수:')
pen=input('펜 개수:')
total_price=pencil*400+pen*800
```

실행결과

```
>>> hong
```

4장 도전 1-3

파이썬 코드를 실행한 결과가 나오게 하기 위해 괄호 안에 들어갈 명령문을 작성해 보자.

```
>>>num1=input()
14
>>>(              )
>>>print(num1+6)
```

실행결과

```
>>> 20
```

4장 도전 2-1

3과목의 점수를 입력받아 합계와 평균을 계산하는 파이썬 프로그램을 작성하시오.

조건

- 사용자로부터 3개의 과목 점수를 각 각 입력받는다.
- 합계, 평균은 변수로 선언한다.(변수명은 적절하게 사용하시오)

실행결과

```
>>> A과목: 90
>>> B과목: 90
>>> C과목: 90
평균: 90
총점: 90
```

4장 도전 2-2

음원제공 사이트에서 10주년 기념으로 구입하는 음악의 30%를 할인해 주고 있다. 구입하는
음악의 총 가격을 계산해 주는 파이썬 프로그램을 작성하시오.

조건

- 음원 1개당 400원이다.
- 총 가격의 30%을 할인한다.
- 총 가격, 음악개수는 변수로 선언한다.(변수명은 적절하게 사용하시오)

실행결과

```
>>> 구입 음악 개수 : 9
총 가격: 3600원
할인금액 : 1080원
총 구입 가격: 2520원
```

4장 도전 2-3

이름과 연락처를 입력받아 연락처의 경우 '−'기호를 제외하고 저장하는 어플을 만들고자 한다.
파이썬 프로그램을 작성하시오.

조건

- 사용자로부터 이름과 연락처를 입력받는다.
- 연락처의 경우 Slice를 이용하여 '−'를 제거 한다.
- 이름과 연락처는 변수로 선언한다.(변수명은 적절하게 사용하시오)

실행결과

>>> 이름: 홍길동
>>> 연락처 : 010-1111-1111
홍길동 01011111111

5

컬렉션
자료형

- 파이썬에서 컬렉션 자료형을 설명할 수 있다.
- 리스트와 튜플을 활용하여 문제를 해결할 수 있다.
- 딕셔너리를 활용하여 문제를 해결할 수 있다.
- 세트를 활용하여 문제를 해결할 수 있다.
- 컬렉션 자료형의 특징과 차이점을 이해하여 효율적인 자료형을 선택하여 문제를
  해결할 수 있다.

5.1 컬렉션 자료형 개념과 필요성

어떤 프로그래밍 언어든 "그 언어의 자료형을 알고 이해할 수 있다면 이미 그 언어의 절반을 터득한 것이나 다름없다"는 말이 있다. 자료형이란 프로그래밍을 할 때 쓰이는 숫자, 문자열 등 자료 형태로 사용하는 모든 것을 뜻한다. 프로그램의 기본이자 핵심 단위가 바로 자료형이다. 지금까지는 숫자형, 문자열형 등의 값을 저장하기 위해서는 값의 개수만큼 변수가 필요했다. 예를 들어 내가 좋아하는 음악의 플레이리스트를 만들기 위해서 자료를 저장한다고 할 때 음악의 개수만큼 변수의 개수가 필요했다. 변수는 하나의 값을 저장할 수 밖에 없기 때문에 한 번에 여러 개의 값을 저장하거나 여러 가지 데이터들을 관계 있는 그룹으로 관리하는데 어려움이 있다. 파이썬은 이러한 문제를 해결할 수 있는 방법으로 다양한 효율적인 컬렉션 자료형들을 제공하는 데 리스트, 튜플, 딕셔너리, 세트라는 자료형이 있다. "컬렉션"이란? 여러 개의 값을 하나의 변수에 담을 수 있으며 변수 안에 공간을 여러 개 가지며, 변수 안에 서로 다른 공간을 찾는 방법이 있다. 파이썬에서 제공하는 컬렉션 자료형의 종류는 다음과 같다.

컬렉션 자료형 종류	생성방법
리스트(list)	[]
튜플(tuple)	()
딕셔너리(dictionary)	{키 : 값}
세트(set)	{ }

5.2 리스트 자료형

파이썬 프로그래밍 언어 내에서 가장 많이 쓰이는 구조인 리스트를 이용하면 많은 양의 데이터들을 한 번에 모아 효율적으로 처리하고 저장할 수 있다. 기존의 변수는 오직 하나의 데이터를 저장하기 때문에 1000명의 점수 데이터를 저장하기 위해서는 1000개의 변수가 필요하다. 반면에 리스트는 오직 하나의 리스트 변수를 이용하여 1000명의

점수 데이터를 효율적으로 저장하고 처리할 수 있다. 이번 학기 이수한 과목의 점수를
입력 받고 합계를 출력하는 프로그램을 작성해보자.

예제 5-1	일반변수 사용

```
hap=0
a=int(input('num1:'))
b=int(input('num2:'))
c=int(input('num3:'))
d=int(input('num4:'))

hap=a+b+c+d

print('hap',hap)
```

실행결과

```
num1:10
num2:10
num3:10
num4:10
hap 40
```

예제 5-2	리스트 변수 사용

```
a=[10,10,10,10]
a[0]=int(input('num1:'))
a[1]=int(input('num2:'))
a[2]=int(input('num3:'))
a[3]=int(input('num4:'))

hap=a[0]+a[1]+a[2]+a[3]

print('hap',hap)
```

실행결과

```
num1:10
num2:10
num3:10
num4:10
hap 40
```

(1) 리스트 문법

대괄호[] 안에 서로 다른 자료형의 값을 콤마(,)로 구분해 하나 이상 저장할 수 있는 컬렉션 자료형이다. 대괄호[]에 넣는 자료를 요소(element)라고 부르며 요소들은 순서를 가지고 있고 인덱스를 사용하여 참조할 수 있다.

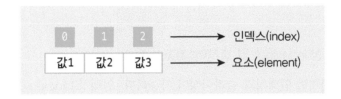

리스트 문법

리스트명 = [값1, 값2, 값3, ...]

빈 리스트 생성

```
>>> a = []
>>> a
[]
>>> b = list()
>>> b
[]
```

리스트의 요소는 보통의 경우 동일한 자료형으로 구성되는데 서로 다른 자료형도 가능
하며 또 다른 리스트를 포함할 수 있다. 파이썬에서 제공하는 리스트는 여러 자료형을
섞어서 저장할 수 있다.

리스트 초기화

```
>>> a = [1, 2, 3, 4, 5]
>>> a
[1, 2, 3, 4, 5]
>>> b=['Hello','Python']
>>> b
['Hello', 'Python']
>>> c=[1,2,'Hello',[10,20]]
>>> c
[1, 2, 'Hello', [10, 20]]
```

---

(2) 리스트 인덱싱(Indexing) 및 슬라이싱(Slicing)

리스트도 문자열처럼 인덱싱과 슬라이싱이 가능하다. 인덱싱(Indexing)은 무엇인가 '가
르킨다'라는 의미이고 슬라이싱(Slicing)은 무엇인가 '잘라낸다'라는 의미이다.

리스트 인덱스(index) 구조

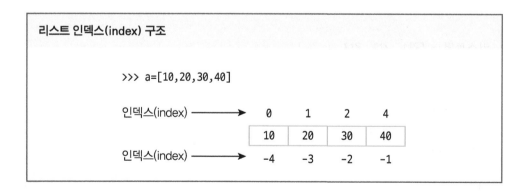

리스트 인덱싱(Indexing) 사용하기

```
>>> a=[10,20,30,40]
>>> a
[10, 20, 30, 40]
>>> a[0] # 리스트 첫 번째 값을 가져온다.
10
>>> a[0]+a[1]
30
>>> a[-1] # 리스트 마지막 값을 가져온다.
40
>>> a[4]
Traceback (most recent call last):
  File '<pyshell#21>', line 1, in <module>
    a[4]
IndexError: list index out of range
```

리스트의 첫 번째 요소의 위치를 0에서 시작한다. 파이썬 뿐만 아니라 다른 프로그래밍 언어도 대부분 0에서 시작한다. 프로그래밍을 하다 보면 리스트의 마지막 항목에 접근해야 할 때가 많은 데 파이썬에서는 리스트의 마지막 요소에 접근하는 특별한 문법이 있다. [−1]인데, 이 요청을 하면 항상 리스트의 마지막 요소를 반환한다. 이를 확장해서 [−2]는 뒤에서 두 번째 요소를, [−3]은 뒤에서 세 번째 요소를 반환한다.

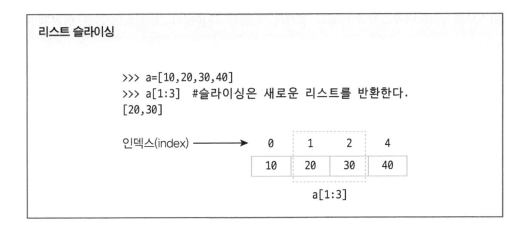

슬라이싱은 리스트 안에서 범위를 지정하여 원하는 요소들을 선택하는 연산으로 리스트명[시작:끝]와 같은 형식을 사용하고 시작요소부터 (끝-1) 인덱스에 있는 요소까지 선택한다.

리스트 슬라이싱(Slicing) 사용하기

```
>>> a=[10,20,30,[40,50]]
>>> a[0:2]
[10, 20]
>>> a[1:]
[20, 30, [40, 50]]
>>> a[:2]
[10, 20]
>>> a[-1]
[40, 50]
>>> a[3]
[40, 50]
>>> a[3][0] # 이중 리스트 슬라이싱 하기
40
>>> a[3][1] # 이중 리스트 슬라이싱 하기
50
```

---

(3) 리스트 값 변경하기

리스트의 값을 변경하기 위해서는 첨자(인덱스)를 사용해서 그 위치의 값을 변경하면 된다.

리스트 값 변경하기

```
>>> a=[10,20,30]
>>> a
[10, 20, 30]
>>> a[0]=100
>>> a
[100, 20, 30]
>>> a[1:3]=[90,100] # 연속된 범위의 값도 변경 가능하다.
>>> a
[100, 90, 100]
```

(4) 리스트 조작함수

문자열과 마찬가지로 리스트도 리스트변수 이름 뒤에 마침표(.)를 붙인 다음 함수 이름을 사용하면 된다. 파이썬에서 제공하는 유용한 리스트 조작함수의 사용방법을 살펴보자.

리스트에 값 추가 : append() 함수, insert() 함수

```
>>> a=[10,20]
>>> a.append(30)
>>> a
[10, 20, 30]
>>> a.append([40,50]) # 리스트에 리스트도 추가 가능
>>> a
[10, 20, 30, [40, 50]]
>>> a.insert(1,15)
>>> a
[10, 15, 20, 30, [40, 50]]
```

- **append(x)** : 리스트 맨 마지막에 x의 값을 추가한다.
- **insert(index, x)** : 리스트의 원하는 위치에 값을 추가(삽입)할 수 있다. 리스트 위치(index)에 x의 값을 넣는다.

리스트 정렬 : sort() 함수

```
>>> a=[8,6,5,2,4]
>>> a.sort() # 오름차순 정렬
>>> a
[2, 4, 5, 6, 8]
>>> a.sort(reverse=True) # 내림차순 정렬
>>> a
[8, 6, 5, 4, 2]
>>> a=['haha','aa','pupu']
>>> a.sort() # 알파벳 정렬
>>> a
['aa', 'haha', 'pupu']
```

```
>>> a=['리스트','튜플','딕셔너리','세트']
>>> a.sort() # 한글 정렬
>>> a
['딕셔너리', '리스트', '세트', '튜플']
>>> a.sort(reverse=True)
>>> a
['튜플', '세트', '리스트', '딕셔너리']
```

리스트에서 값 삭제: pop()함수, remove() 함수

```
>>> a=[10,20,30,40]
>>> a.pop()
40
>>> a
[10, 20, 30]
>>> a.pop(1)
20
>>> a
[10, 30]
>>> a.remove(30)
>>> a
[10]
>>> a.remove(0)
Traceback (most recent call last):
  File '<pyshell#12>', line 1, in <module>
    a.remove(0)
ValueError: list.remove(x): x not in list
```

- **pop()** : 리스트 맨 뒤의 값을 빼내고, 빼낸 항목은 삭제한다.

- **pop(index)** : 리스트에서 index가 가리키는 값을 빼내고, 빼낸 항목은 삭제한다.

- **remove(x)** : 리스트에서 x를 삭제하는 함수이다.(단, x값이 중복되면 첫 번째 만 삭제한다.)

리스트에서 찾을 값의 개수 세기 : count() 함수

```
>>> a=[10,20,30,20]
>>> a.count(20)
2
>>> a=['박수지','배수지','배수지']
>>> a.count('배수지')
2
```

리스트에서 값의 위치 반환 : index() 함수

```
>>> a=[10,20,30]
>>> a.index(20)
1
>>> a.index(10)
0
>>> a.index(40)
Traceback (most recent call last):
  File '<pyshell#3>', line 1, in <module>
    a.index(40)
ValueError: 40 is not in list
```

표 5.1 리스트 조작 함수

함수	설명	사용법
append()	리스트에 요소를 마지막 위치에 새로 추가	리스트.append(값)
insert()	리스트의 해당 위치에 요소를 새로 삽입	리스트.insert(위치,값)
sort()	오름차순정렬 내림차순정렬	리스트.sort() 리스트.sort(reverse=True)
reverse()	현재의 리스트를 그대로 거꾸로 뒤집는다.	리스트.reverse()
pop()	리스트 제일 뒤의 항목을 빼내고, 빼낸 항목은 삭제 제거할 위치에 있는 요소를 제거	리스트.pop() 리스트.pop(위치)

함수	설명	사용법
remove()	해당 요소를 찾아 삭제	리스트.remove(삭제할값)
count()	해당 요소의 개수를 반환	리스트.count(찾을값)
index()	리스트에 위치 값이 있으면 위치값을 반환	리스트.index(값)
len()	리스트 총 요소 개수를 반환	len(리스트)

5.3 튜플 자료형

리스트는 프로그램 실행 중에 바뀔 수 있는 요소를 저장하는 데 알맞은 자료형이다. 튜플은 한번 저장된 값은 수정할 수 없는 자료형으로 읽기 전용의 데이터를 저장할 때 유용하게 사용된다. 따라서 프로그램이 실행되는 동안 데이터가 항상 변하지 않아야 한다면 튜플을 사용하고 이와는 반대로 수시로 데이터를 변화시켜야할 경우라면 리스트를 사용해야 한다. 저장된 데이터를 변경, 추가, 삭제할 수도 없는 튜플을 왜 만들어 놓았을까? 이유는 파이썬 프로그래밍에서 튜플을 사용하는 쪽이 더 유리한 경우도 있기 때문이다. 보통 튜플은 요소가 절대 변경되지 않고 유지되어야 할 때 사용하기 때문에 튜플을 만든 상태에서 요소를 변경하게 되면 에러가 발생하게 된다. 따라서 요소를 실수로 변경하는 상황을 방지할 수 있다. 반면 요소를 자주 변경해야 할 때는 리스트를 사용한다. 보통 실무에서는 요소를 변경하는 경우가 많기 때문에 튜플보다 리스트를 더 자주 사용하는 편이다.

(1) 튜플의 문법

() 안에 서로 다른 자료형의 값을 콤마(,)로 구분해 하나 이상 저장할 수 있는 컬렉션 자료형이다. 0부터 시작하는 인덱스를 이용해 접근할 수 있고 한 번 저장된 요소는 변경할 수 없다.

튜플 문법
튜플명 = (값1, 값2, 값3, ...)

튜플 초기화

```
>>> a=()
>>> a
()
>>> a=tuple()
>>> a
()
>>> a=tuple(range(10))
>>> a
(0, 1, 2, 3, 4, 5, 6, 7, 8, 9)
>>> a=['월','화','수','목','금','토','일']
>>> a=tuple(a) # 리스트를 튜플로 자료형 변환
>>> a
('월', '화', '수', '목', '금', '토', '일')
>>> a=(1,2,3)
>>> a
(1, 2, 3)
>>> a=1,2
>>> a
(1, 2)
>>> a=(10,20,(30,40))
>>> a
(10, 20, (30, 40))
```

튜플 데이터 변경

```
>>> a=(10,20,30)
>>> a[0]=100
Traceback (most recent call last):
  File '<pyshell#13>', line 1, in <module>
    a[0]=100
TypeError: 'tuple' object does not support item assignment
>>> a.append(40)
Traceback (most recent call last):
  File '<pyshell#14>', line 1, in <module>
    a.append(40)
AttributeError: 'tuple' object has no attribute 'append'
```

튜플을 데이터를 변경할 수 없기 때문에 인덱스에 의한 변경도 불가능하고 리스트에서 사용했던 append()함수 또한 당연히 튜플에서는 제공되지 않는다.

(2) 튜플의 인덱싱(Indexing) 및 슬라이싱(Slicing)

튜플은 저장된 데이터를 변경시킬 수 없다는 점만 제외하면 리스트와 완전히 동일하다.

튜플 인덱싱(Indexing)과 슬라이싱(Slicing)

```
>>> a=(10,20,30,40)
>>> a[0]
10
>>> a[-1]
40
>>> a[1:]
(20, 30, 40)
>>> a[:2]
(10, 20)
```

5.4 딕셔너리 자료형

딕셔너리(dictionary)는 한글로 표현하면 '사전'이다. 한글, 영어 사전들은 가나다순 알파벳순으로 정렬 하게 된다. 이러한 정렬 덕분에 찾고 싶은 단어를 쉽고 빠르게 찾을 수 있다. 파이썬에서는 연관된 값을 묶어서 저장하는 용도로 딕셔너리(Dictionary)라는 자료형을 제공한다. 딕셔너리는 순서가 없는 컬렉션 자료형으로 각각의 요소는 key:value 형태로 저장된다. 딕셔너리는 리스트나 튜플처럼 index에 의해 해당 요소를 찾지 않고 Key를 통해 Value를 얻는다. 이것이 바로 딕셔너리의 가장 큰 특징이다.

(1) 딕셔너리 문법

{}안에 키:값 형식의 항목을 콤마(,)로 구분해 하나 이상 저장할 수 있는 컬렉션 자료형이다. 딕셔너리는 키를 먼저 지정하고 :(콜론)을 붙여서 값을 표현한다. 키와 값은 1:1 대응관계이다.

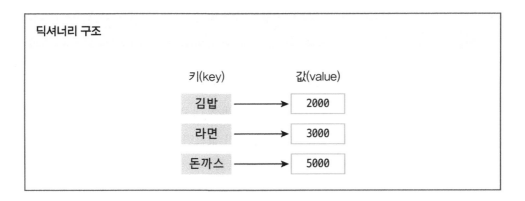

딕셔너리 구조

키(key)	값(value)
김밥	2000
라면	3000
돈까스	5000

딕셔너리 문법

딕셔너리명 = {key1:value1, key2:value2, key3:value3,...}

```
빈 딕셔너리 생성

>>> a={}
>>> a
{}
>>> a=dict()
>>> a
{}
```

```
딕셔너리 초기화

>>> fruit={1:'사과',2:'딸기'}
>>> fruit
{1: '사과', 2: '딸기'}
>>> menu={'김밥':2000,'라면':3000}
>>> menu
{'김밥': 2000, '라면': 3000}
```

(2) 딕셔너리 요소에 접근하기

딕셔너리를 생성할 때는 중괄호를 사용하지만 딕셔너리 요소에 접근할 때는 리스트처럼 딕셔너리 뒤에 대괄호[]를 입력하고 내부에 인덱스 대신 키를 입력한다. 키를 이용해 값을 읽어올 수 있으며 요소를 추가할 때 동일키가 없으면 새로운 요소를 추가하고, 동일키가 있으면 저장된 요소를 변경한다.

```
딕셔너리 요소 접근

>>> menu={'김밥':2000,'라면':3000}
>>> menu['김밥']
2000
>>> menu['라면']
3000
>>> menu['라면']=3500
>>> menu['라면']
3500
```

```
>>> menu['어묵']=1000
>>> menu
{'김밥': 2000, '라면': 3500, '어묵': 1000}
>>> menu['떡볶이']
Traceback (most recent call last):
  File '<pyshell#13>', line 1, in <module>
    menu['떡볶이']
KeyError: '떡볶이'
```

(3) 딕셔너리 조작함수

모든 key, value, item 반환

```
>>> menu={'김밥': 2000, '라면': 3500, '어묵': 1000}
>>> menu.keys()
dict_keys(['김밥', '라면', '어묵'])
>>> menu.values()
dict_values([2000, 3500, 1000])
>>> menu.items()
dict_items([('김밥', 2000), ('라면', 3500), ('어묵', 1000)])
```

- **keys() 함수** : 딕셔너리의 키들만 모아서 반환한다.

- **values() 함수** : 딕셔너리의 값들만 모아서 반환한다.

- **items() 함수** : Key와 Value의 쌍을 튜플로 묶은 값을 반환한다.

---

key로 value 얻기 : get() 함수

```
>>> name={100:'황복동',200:'황채연',300:'황나연'}
>>> name[100]
'황복동'
>>> name[400]
Traceback (most recent call last):
  File '<pyshell#2>', line 1, in <module>
    name[400]
KeyError: 400
>>> name.get(100)
'황복동'
>>> name.get(400,'not Found')
'not Found'
```

- **get() 함수** : 딕셔너리의 키로 값을 추출하는 기능으로 딕셔너리[키]와 같은 기능을 수행하지만, 키가 존재하지 않을 경우에는 KeyError를 발생키지 않는다.

딕셔너리 요소 삭제하기 : del() 함수, pop() 함수

```
>>> name={100:'황복동',200:'황채연',300:'황나연'}
>>> del(name[100])
>>> name
{200: '황채연', 300: '황나연'}
>>> name.pop(200)
'황채연'
>>> name
{300: '황나연'}
```

표 5.2 딕셔너리조작 함수

함수	설명	사용법
get()	항목접근하기	딕셔너리.get(key)
pop() del ()	항목 꺼내고 삭제하기 항목삭제하기	딕셔너리.pop(key) del(딕셔너리[key])
items()	딕셔너리에 저장된 모든 항목	딕셔너리.items()
keys()	딕셔너리에 저장된 키	딕셔너리.keys()
values()	딕셔너리에 저장된 값	딕셔너리.values()

5.5 세트 자료형

세트(set) 자료형은 집합에 관련된 것을 쉽게 처리하기 위해 만든 자료형으로 중복을 허용하지 않는 컬렉션 자료형이다. 리스트나 튜플은 순서가 있기 때문에 인덱싱을 통해 자료형의 값을 얻을 수 있지만 세트 자료형은 순서가 없기 때문에 인덱싱으로 값을 얻을 수 없다. 세트 자료형의 특징은 다음과 같다.

- 수학의 집합과 같다.
- 중복되지 않은 요소들로 구성된다.
- 세트간의 순서가 없다.

(1) 세트의 문법

세트 문법

세트명 = { }

세트 초기화

```
>>> a={10,20,30}
>>> a
{10, 20, 30}
>>> a={10,20,30,20}
>>> a
{10, 20, 30}
>>> b=set([10,20,30])
>>> b
{10, 20, 30}
```

(2) 세트 연산

세트 합집합, 교집합, 차집합

```
>>> A={10,20,30}
>>> B={20,40}
>>> A & B           # 교집합
{20}
>>> A.intersection(B) # 교집합
{20}
>>> A | B           # 합집합
{20, 40, 10, 30}
>>> A.union(B)      # 합집합
{20, 40, 10, 30}
>>> A - B           # 차집합
{10, 30}
>>> A.difference(B)  # 차집합
{10, 30}
```

교집합

합집합

차집합

(3) 세트 조작 함수

값 추가와 삭제

```
>>> s1={10,20,30}
>>> s1
{10, 20, 30}
>>> s1.add(40)
>>> s1
{40, 10, 20, 30}
>>> s1.update([50,60])
>>> s1
{40, 10, 50, 20, 60, 30}
>>> s1.remove(40)
>>> s1
{10, 50, 20, 60, 30}
```

- **add() 함수** : 값 1개 추가
- **update() 함수** : 값 여러 개 추가
- **remove() 함수** : 특정 값 삭제

5.6 컬렉션 자료형 실습

실습 5-1

다음 파이썬 코드의 괄호 안 결과를 예측해 보자

```
>>> color=['red','yellow']
>>> color.append('green')
>>> color
(               )
>>> color.pop()
(               )
>>> color.insert(1,'orange')
>>> color
(               )
>>> color.index('orange')
(               )
>>> len(color)
(               )
```

실습 5-2

다음 파이썬 코드의 괄호 안 결과를 예측해 보자

```
>>> score=list(range(1,6))
>>> score
[1, 2, 3, 4, 5]
>>> score[2]
(               )
>>> score[:3]
(               )
>>> score[-1]
(               )
>>> score[2:4]
(               )
>>> score[3:]
(               )
```

실습 5-3

다음 파이썬 코드의 괄호 안 결과를 예측해 보자.

```
>>> A={1,2,3}
>>> B={3,4,5,5}
>>> A ¦ B
(                )
>>> A & B
(                )
>>> A- B
(                )
```

5.7 컬렉션 자료형 도전문제

5장 도전 1-1

다음 파이썬 코드의 실행 결과가 나오도록 괄호 안을 채우자.

```
>>> spot=['명동','가로수길','홍대','대학로']
>>> select=(              )
```

실행결과
```
>>> select
['홍대', '대학로']
```

5장 도전 1-2

파이썬 코드를 실행한 결과가 나오게 하기 위해 괄호 안에 들어갈 명령문을 작성해 보자.

```
>>> num=[50,30,70,40]
>>> num.(            )
>>> num.(            )
```

실행결과
```
>>> num
[40, 50, 70]
```

5장 도전 1-3

아래와 같은 실행 결과가 나오도록 밑줄에 적절한 함수로 채우자.

```
>>> people={100:'yang',200:'jang',300:'o'}
>>> list(people._____)
[100, 200, 300]
>>> list(people._____)
['yang', 'jang', 'o']
>>> list(people._____)
[(100, 'yang'), (200, 'jang'), (300, 'o')]
>>> people._____(200)
'jang'
>>> _____(people[100])
>>> people
200: 'jang', 300: 'o'
```

5장 도전 2-1 　리스트 조작 함수 활용

아래 문제를 1번부터 7번까지 차례대로 수행하고, 각 단계별 출력결과를 보고 빈곳에 알맞은 답을 예측하시오.

　문제

1) 학생이 3명[홍일동, 홍이동, 홍삼동]인 과에 홍사동이 편입을 했다. "홍사동"을 리스트에 추가해보자.

2) 위 리스트에 동명이인 홍이동이 새로 편입을 했다고 가정하고 요소 "홍이동" 뒤에 "홍이동"을 추가해보자.

3) "홍이동"이 몇 명인지 출력하시오.

4) 현재 출석부를 역순으로 출력하시오.

5) "홍일동"이 다른 과로 전과를 하였다. "홍일동"을 찾아 삭제하시오.

6) 현재 출석부를 내림차순으로 정렬하시오.

7) 현재 남아 있는 학생의 인원수를 구하시오.

```
name=['홍일동','홍이동','홍삼동']

print(name)
```

```
#1)

_____

print(1,name)


#2)

_____

print(2,name)


#3)

_____


#4)

_____

print(4,name)


#5)

_____

print(5,name)


#6)

_____

print(6,name)


#7)

_____
```

실행결과

```
['홍일동', '홍이동', '홍삼동']
1 ['홍일동', '홍이동', '홍삼동', '홍사동']
2 ['홍일동', '홍이동', '홍이동', '홍삼동', '홍사동']
3 2
4 ['홍사동', '홍삼동', '홍이동', '홍이동', '홍일동']
5 ['홍사동', '홍삼동', '홍이동', '홍이동']
6 ['홍이동', '홍이동', '홍삼동', '홍사동']
7 4
```

5장 도전 2-2

주소록에 친구를 등록하고, 친구를 이름으로 검색한 후 연락처를 출력하는 프로그램을 작성하시오. 실행결과를 참고하여 문제를 해결하시오.

조건

1. 딕셔너리 자료 구조를 사용하여 친구의 이름와 연락처를 저장한다.(임의대로)

2. 딕셔너리에서 전체 친구의 이름만 검색하여 리스트로 변환한 후 출력한다.

3. 찾는 친구가 있으면 연락처를 출력하고 없으면 에러 메시지를 출력한다.

4. 찾는 친구의 이름은 사용자로부터 입력 받아 처리한다.(변수명은 적절하게 사용하시오)

```
addr={}

addr['최재원']='010-1111-1234'
addr['최지윤']='010-2222-1234'
addr['김연수']='010-3333-1234'
addr['김연우']='010-4444-1234'
addr['김가현']='010-5555-1234'
addr['김혜현']='010-6666-1234'


print(addr)
print()
```

실행결과

```
['최재원', '최지윤', '김연수',
'김연우', '김가현', '김혜현']
search name : 김연수
010-3333-1234
```

실행결과

```
['최재원', '최지윤', '김연수',
'김연우', '김가현', '김혜현']
search name : 최재운
not Found
```

5장 도전 2-3

동아리 A, B에 다음과 같이 학생들이 가입이 되어 있다. 실행결과를 참고하여 문제를 해결하시오.

```
clubA={'kim', 'park', 'hwang'}
clubB={'park', 'lee', 'choi'}
```

조건

1. 세트 자료구조 사용한다.

2. 동아리에 가입한 학생들의 모든 명단을 ClubC에 저장한 후에 출력한다.

3. A, B 동아리에 둘 다 가입한 학생의 명단을 출력하시오.

4. A 동아리에서 B 동아리에 가입한 학생들의 명단을 제외하고 출력하시오.

5. B 동아리에서 A 동아리에 가입한 학생들의 명단을 제외하고 출력하시오.

6. A 동아리에 'yang' 회원이 새로 가입했다.

7. B 동아리 'lee' 회원이 탈퇴했다.

8. A, B 동아리 회원들을 각각 출력하시오.

실행결과

```
{'park', 'lee', 'hwang', 'kim', 'choi'}
{'park'}
{'hwang', 'kim'}
{'lee', 'choi'}
{'hwang', 'kim', 'yang', 'park'}
{'choi', 'park'}
```

6

파이썬
선택문

- 파이썬 선택문에 대하여 이해할 수 있다.
- 파이썬 선택문의 조건식을 이해하고 조건식을 표현할 수 있다.
- 파이썬 선택문의 다양한 형태를 이해하고 규칙에 맞게 선택문을 작성할 수 있다.
- 파이썬 중첩 선택문을 이해하고, 활용할 수 있다.

파이썬 문장은 제어문을 만나기 전에는 위에서 아래로 순차적으로 실행된다. 제어문은 조건식에 만족하는 동안 특정 구간을 한번 또는 여러 번 반복하여 실행하도록 제어하는 문장이다.

파이썬의 제어문은 선택문과 반복문으로 나뉘는데, 선택문은 조건식이 만족하면 한번 실행하고, 만족하지 않으면 해당 구간을 건너뛰게 된다. 즉, 파이썬의 선택문은 if 문을 이용하여 조건식의 결과가 True 인지, False 인지에 따라 코드를 실행하거나 실행하지 않는 선택적 구조이다.

6장에서는 파이썬 선택문을 표현하기 위한 조건식에 대하여 학습하고, 선택문의 다양한 형태를 학습한다. 먼저 파이썬 선택문의 종류와 규칙에 대하여 살펴본다.

6.1 파이썬 선택문 개요

파이썬 선택문의 형태에는 if, if~else, if~elif, if~elif~else, if~in~else 등이 있다. 파이썬 선택문의 규칙은 다음과 같다.

파이썬 선택문의 규칙

1. if 문의 조건식들은 논리 연산이 가능한 문장으로 참 거짓 판별이 가능하도록 작성해야 한다.
2. if 문의 조건식 끝에는 항상 :(콜론)이 있어야 한다.
3. 실행 코드는 반드시 공백(스페이스바 또는 Tab)으로 들여쓰기(indent)를 하여 if 문에 포함되는(종속) 코드로 작성해야 한다.

6.2 조건식

선택문을 표현하기 위해 필요한 조건식은 관계연산자와 논리연산자를 이용하여 표현하는데, 조건식이 만족하면 True, 만족하지 않으면 False의 결과 값을 가지게 된다. 조건식의 예는 다음과 같다.

조건식	설 명
total >= 100	total 변수에 저장된 자료가 100 이상이면 만족하는 조건식
mid+final < 120	mid 변수와 final 변수를 더한 값이 120 미만이면 만족하는 조건식
6 <= age < 60	age 변수에 저장된 자료가 6 이상, 60세 미만이면 만족하는 조건식
num % 3 == 0	num 변수에 저장된 자료를 3으로 나눈 나머지가 0 이면 만족하는 조건식
first != second	first 변수와 second 변수에 저장된 자료가 다르면 만족하는 조건식
kor>=90 and eng>=90	kor 변수에 저장된 자료가 90 이상이고, eng 변수에 저장된 자료가 90 이상이면 만족하는 조건식
weather=='봄' or weather=='가을'	weather 변수에 저장된 자료가 '봄' 이거나, weather 변수에 저장된 자료가 '가을' 이면 만족하는 조건식
not(sign==0)	sign 변수에 저장된 자료가 0 이 아니면 만족하는 조건식

6.3 if / if~else

파이썬 선택문의 가장 기본적인 if / if~else 문의 구조를 살펴보면 다음과 같다.

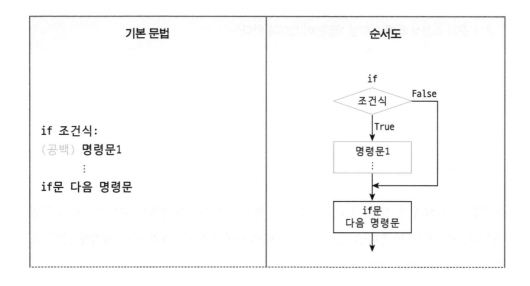

설명

if 문의 조건식 결과가 True 라면 명령문1, … 을 실행하고, 조건식의 결과가 False 라면 명령문
1, … 을 건너뛰고 if문 다음 명령문을 실행한다.

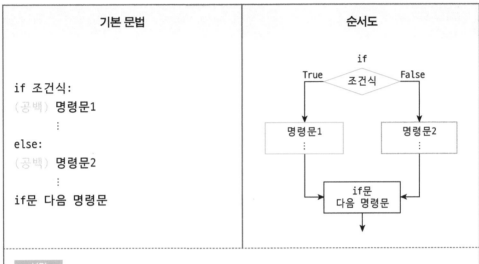

기본 문법	순서도

if 조건식:
(공백) 명령문1
       ⋮
else:
(공백) 명령문2
       ⋮
if문 다음 명령문	

설명

if 문의 조건식 결과가 True 라면 명령문1, … 을 실행하고 if문 다음 명령문을 실행한다.
if 문의 조건식 결과가 False 라면 명령문2, … 을 실행하고 if문 다음 명령문을 실행한다.

예제 6-1)을 실행하여 'y'를 입력하면 if 문의 member=='y' 조건식을 만족하기 때문에
'어서 오십시요' 라는 문장을 출력하고, 그 외의 다른 값을 입력하면 member=='y' 조
건식을 만족하지 않기 때문에 아무것도 실행되지 않는다.

예제 6-1	회원이면 '어서 오십시오.' 인사말 출력

```python
member = input('회원이십니까?(y/n) ')
if member == 'y':
    print('어서 오십시오.')
```

실행결과

```
>>>
회원이십니까?(y/n) y
어서 오십시오.
>>>
회원이십니까?(y/n) n
```

예제 6-2)는 if 문의 member=='y' 조건식을 만족하면 '어서 오십시오' 라는 문장을 출력하고, 조건식을 만족하지 않으면 else 문의 '회원가입을 해주세요.' 라는 문장을 출력하는 if~else 문의 기본 예제이다.

예제 6-2	회원이면 '어서 오십시오.'를 아니면 회원가입 안내말 출력

```python
member = input('회원이십니까?(y/n) ')
if member == 'y':
    print('어서 오십시오.')
else:
    print('회원가입을 해주세요.')
```

실행결과

```
>>>
회원이십니까?(y/n) y
어서 오십시오.
>>>
회원이십니까?(y/n) n
회원가입을 해주세요.
```

6.4 if~elif / if~elif~else

여러 조건식에 따라 다양한 처리를 수행하기 위한 파이썬 선택문의 if~elif / if~elif~else 문을 살펴보면 다음과 같다.

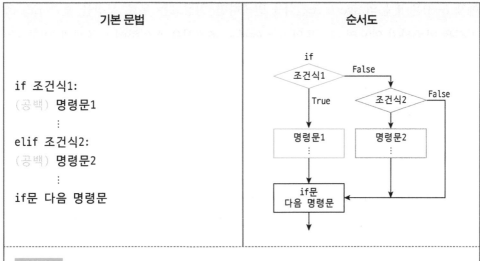

설명

if 문의 조건식1 결과가 True 라면 명령문1, ⋯ 을 실행하고, False 라면 조건식2를 확인하여 결과가 True 라면 명령문2, ⋯ 을 실행하고, False 라면 건너뛰고 if문 다음 명령문을 실행한다.

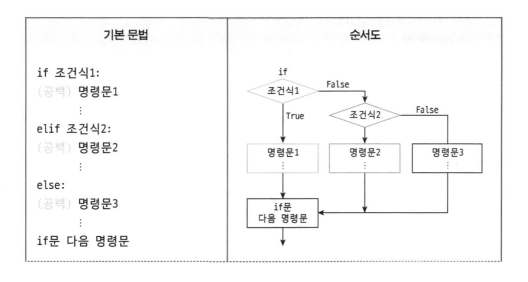

if 문의 조건식1 결과가 True 라면 명령문1, ⋯ 을 실행하고, False 라면 조건식2를 확인하여 결과가 True 라면 명령문2, ⋯ 을 실행하고, False 라면 명령문3, ⋯ 을 실행한 뒤, if문 다음 명령문을 실행한다.

예제 6-3)은 if 문의 age<6 조건식을 만족하면 '입장료는 무료' 문장을 출력하고, 조건식을 만족하지 않으면 elif 문의 6<=age<60 조건식을 확인하여 만족하면 '입장료는 20000 원' 문장을 출력하며, 조건식을 만족하지 않으면 그 다음 elif 문의 age >= 60 조건식을 확인하여 만족하면 '입장료는 10000.0 원' 문장을 출력하고, 조건식을 만족하지 않으면 종료하는 if~elif 문의 기본 예제이다.

예제 6-3

입력 받은 나이에 따라 놀이동산 입장료를 출력한다.
- 입장료 정가: 2만원, 1세~6세 미만: 무료, 6세~60세 미만: 정가, 60세 이상: 정가의 50%

```python
age = int(input('나이 입력: '))
price = 20000
if 1 <= age < 6 :
    print('입장료는 무료')
elif 6 <= age < 60 :
    print('입장료는', price, '원')
elif age >= 60 :
    print('입장료는', price*0.5, '원')
```

실행결과

```
>>>
나이 입력: 38
입장료는 20000 원
>>>
나이 입력: 5
입장료는 무료
>>>
나이 입력: 0
```

예제 6-3)과 같이 실행하면 0 이하의 나이를 입력할 때 if 문, elif 문중에 맞는 조건식이 없기 때문에 아무것도 실행되지 않고 종료된다. 모든 조건식에 만족하지 않을 때의 처리를 위해서는 다음 예제 6-4)와 같이 else 문을 이용하면 안정적으로 실행된다.

예제 6-4

입력 받은 나이에 따라 놀이동산 입장료를 출력한다.

- 입장료 정가: 2만원, 1세~6세 미만: 무료, 6세~60세 미만: 정가, 60세 이상: 정가의 50%
- 이외의 나이를 입력할 경우 오류 메시지 출력

```python
age = int(input('나이 입력: '))
price = 20000
if 1 <= age < 6 :
    print('입장료는 무료')
elif 6 <= age < 60 :
    print('입장료는', price, '원')
elif age >= 60 :
    print('입장료는', price*0.5, '원')
else :
    print('1살 이상의 나이를 입력해 주세요.')
```

실행결과

```
>>>
나이 입력: 25
입장료는 20000 원
>>>
나이 입력: 67
입장료는 10000.0 원
>>>
나이 입력: 0
1살 이상의 나이를 입력해 주세요.
```

6.5 if~in~elif / if~in~elif~else

파이썬 선택문은 논리연산자와 관계연산자를 이용한 조건식 외에도 in 연산자를 이용하여 조건식을 표현할 수 있다. in 연산자를 이용한 파이썬 선택문의 if~in~elif / if~in~elif~else 문을 살펴보면 다음과 같다.

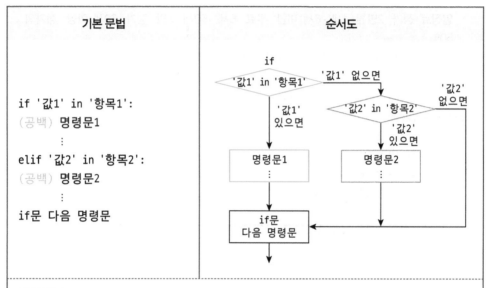

기본 문법	순서도

```
if '값1' in '항목1':
(공백) 명령문1
     ⋮
elif '값2' in '항목2':
(공백) 명령문2
     ⋮
if문 다음 명령문
```

설명

if 문의 '값1' in '항목1' 조건식에 따라 '항목1'에 '값1'이 있으면 결과가 True가 되어 명령문1, … 을 실행하고, '값1'이 없으면 결과가 False가 되어 두 번째 조건식 '값2' in '항목2'를 확인하여 '항목2'에 '값2'가 있으면 결과가 True가 되어 명령문2, … 을 실행하고, '값2'가 없으면 건너뛰고 if문 다음 명령문을 실행한다.

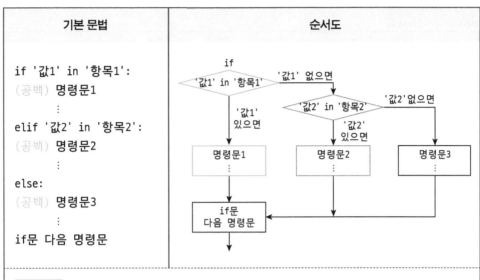

| 기본 문법 | 순서도 |

설명

if 문의 '값1' in '항목1' 조건식에 따라 '항목1'에 '값1'이 있으면 결과가 True가 되어 명령문1, … 을 실행하고, '값1'이 없으면 결과가 False가 되어 두 번째 조건식 '값2' in '항목2'를 확인하여 '항목2'에 '값2'가 있으면 결과가 True가 되어 명령문2, … 을 실행하고, '값2'가 없으면 명령문 3, … 을 실행한 뒤, if문 다음 명령문을 실행한다.

예제 6-5)는 if 문의 조건식에 따라 pocket 리스트에 입력 받은 item 변수의 값이 있고 item 변수의 값이 '현금'이라는 조건식을 만족하면 '택시를 타세요.' 문장을 출력하고, 조건식을 만족하지 않으면 elif 문의 pocket 리스트에 입력 받은 item 변수의 값이 있고 item 변수의 값이 '교통카드'라는 조건식을 확인하여 만족하면 '버스를 타세요.' 문장을 출력하고, 조건식을 만족하지 않으면 종료하는 if~in~elif 문의 기본 예제이다.

예제 6-5

입력 받은 결재 수단에 따라 교통수단을 출력한다.

```python
pocket = ['스마트폰', '교통카드', '현금']
item = input('결재 수단 입력: ')
price = 20000
if item in pocket and item == '현금':
    print('택시를 타세요.')
elif item in pocket and item == '교통카드':
    print('버스를 타세요.')
```

실행결과

```
>>>
결재 수단 입력: 현금
택시를 타세요.
>>>
결재 수단 입력: 교통카드
버스를 타세요.
>>>
결재 수단 입력: 빈지갑
```

예제 6-5)와 같이 실행하면 pocket 리스트에 없는 값을 입력할 때 if 문, elif 문중에 맞는 조건식이 없기 때문에 아무것도 실행되지 않고 종료된다. 모든 조건식에 만족하지 않을 때의 처리를 위해서는 다음 예제 6-6)과 같이 else 문을 이용하면 안정적으로 실행된다.

예제 6-6

입력 받은 결재 수단에 따라 교통수단을 출력한다. 단, pocket 리스트에 없는 값을 입력할 경우 오류 메시지 출력한다.

```python
pocket = ['스마트폰', '교통카드', '현금']
item = input('결재 수단 입력: ')
price = 20000
if item in pocket and item == '현금':
    print('택시를 타세요.')
elif item in pocket and item == '교통카드':
    print('버스를 타세요.')
else:
    print('걸어가세요.')
```

실행결과

```
>>>
결재 수단 입력: 현금
택시를 타세요.
>>>
결재 수단 입력: 교통카드
버스를 타세요.
>>>
결재 수단 입력: 빈지갑
걸어가세요.
```

6.6 중첩 선택문

복잡한 문제의 조건을 표현할 때는 문제의 조건을 분해한 후 파이썬 제어문의 구조를 심화하여 표현할 수 있다. 파이썬은 제어문 구조를 심화하여 표현하는 방법으로 중첩 제어문이 있는데 파이썬 선택문에서는 if문 안에 또 다른 if 문을 중첩하여 표현하는 중첩 선택문이 있다. 다음은 if 문의 조건식이 참인 경우 또 다른 if 문이 연속하여 있는 경우이다.

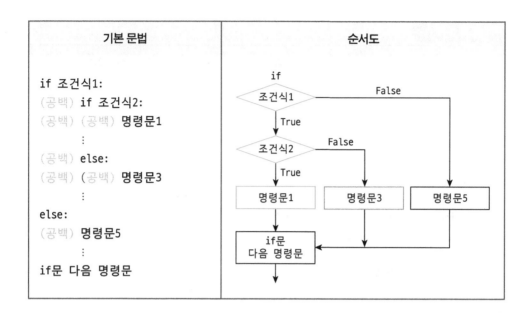

다음은 if문의 조건식이 거짓인 경우 else 문안에 또 다른 if 문이 있는 경우이다.

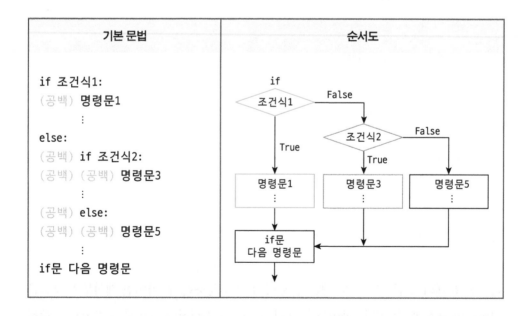

예제 6-7)은 if 문의 조건식이 참인 경우와 거짓인 경우 각각의 또 다른 내부의 if 문이 중첩하여 있는 중첩 선택문의 예제이다. '가위'를 입력 했다면 처음 외부 if 문의 조건식에 만족하여 내부 if~elif 문의 조건식에서 컴퓨터가 임의로 생성한 값이 '가위'인지, '바

위'인지, '보'인지를 확인 후 가위·바위·보 대결 결과를 result 변수에 저장한다. '바위' 를 입력 했다면 두 번째 외부 elif 문의 조건식에 만족하여 내부 if~elif 문의 조건식에서 컴퓨터가 임의로 생성한 값이 '가위'인지, '바위'인지, '보'인지를 확인 후 가위·바위·보 대결 결과를 result 변수에 저장한다. '보'를 입력 했다면 마지막 외부 elif 문의 조건식 에 만족하여 내부 if~elif 문의 조건식에서 컴퓨터가 임의로 생성한 값이 '가위'인지, '바 위'인지, '보'인지를 확인 후 가위·바위·보 대결 결과를 result 변수에 저장한다. 이후 if~in~else 문을 이용하여 대결 결과를 출력한다.

여기서 import random는 random 에 관련된 파이썬 내장 함수들을 사용하기 위한 문 장이다. 이후 random.choice(rps) 라는 문장을 통하여 rps 리스트 중에서 하나의 값을 임의로 선택하여 생성할 수 있게 된다.

예제 6-7

가위, 바위, 보 중에 하나를 입력 받아 컴퓨터가 임의로 생성한 가위, 바위, 보 와의 대결 결 과를 출력한다.

```python
import random
rps = ['가위','바위','보']
com = random.choice(rps)
player = input('가위, 바위, 보 중에서 하나 입력: ')
if player == '가위' :
    if com == '가위':
        result = '비김'
    elif com == '바위':
        result = '졌음'
    elif com == '보':
        result = '이김'
elif player == '바위' :
    if com == '가위':
        result = '이김'
    elif com == '바위':
        result = '비김'
    elif com == '보':
        result = '졌음'
```

```
    elif player == '보' :
        if com == '가위':
            result = '졌음'
        elif com == '바위':
            result = '이김'
        elif com == '보':
            result = '비김'

    if player in rps:
        print('나:%s, 컴퓨터:%s ⇒ %s' % (player, com, result))
    else:
        print('잘못 입력하셨습니다. 다시 입력하세요.')
```

```
>>>
가위, 바위, 보 중에서 하나 입력: 가위
나:가위, 컴퓨터:바위 ⇒ 졌음
>>>
가위, 바위, 보 중에서 하나 입력: 바위
나:가위, 컴퓨터:바위 ⇒ 비김
```

6.7 선택문 실습

실습 6-1

년도를 입력 받아 윤년인지 여부의 결과를 출력한다.

```python
year = int(input('연도 입력: '))
if year % 4 == 0 and year % 100 != 0 or year % 400 == 0 :
    print('%d 년은 윤년' % year)
else:
    print('%d 년은 윤년 아님' % year)
```

실행결과

```
연도 입력: 2019
2019 년은 윤년
>>>
연도 입력: 2000
2000 년은 윤년 아님
```

실습 6-2

월을 입력 받아 계절을 출력한다.

- 3~5월은 봄, 6~8월은 여름, 9~11월은 가을, 12~2월은 겨울

```python
month = int(input('월 입력: '))
if month < 1 or month > 12 :
    print('존재하지 않는 월!!')
elif 3 <= month <= 5 :
    print(month,'월은 봄')
elif 6 <= month <= 8 :
    print(month,'월은 여름')
elif 9 <= month <= 11 :
    print(month,'월은 가을')
else :
    print(month,'월은 겨울')
```

실행결과

```
>>>
월 입력: 10
10 월은 가을
>>>
월 입력: 3
3 월은 봄
```

실습 6-3

키와 몸무게를 입력 받아 BMI 지수를 계산한 후 비만 상태 출력한다.

• BMI 지수 18미만: 저체중, 18~23미만: 정상, 23~25미만: 과체중, 25이상: 비만

```python
h = int(input('키 입력: '))
w = int(input('몸무게 입력: '))
bmi = w / ((h/100) * (h/100))

if bmi < 18:
    result = '저체중'
elif 18 <= bmi < 23:
    result = '정상'
elif 23 <= bmi < 25:
    result = '과체중'
else:
    result = '비만'

print('BMI: %.2f, %s' % (bmi, result))
```

실행결과

```
>>>
키 입력: 186
몸무게 입력: 72
BMI: 20.81, 정상
>>>
키 입력: 162
몸무게 입력: 79
BMI: 30.10, 비만
```

실습 6-4

연도와 월을 입력 받아 해당 연도 월의 일수를 출력한다.

```python
day31 = [1,3,5,7,8,10,12]
day30 = [4,6,9,11]
year = int(input('연도 입력: '))
month = int(input('월 입력: '))
if month < 1 or month > 12 :
    print('존재하지 않는 월!!')
elif month in day31 :
    result = 31
elif month in day30 :
    result = 30
elif year % 4 == 0 and year % 100 != 0 or year % 400 == 0 :
    result = 29
else :
    result = 28

print('%d년 %d월은 %d까지' % (year, month, result))
```

실행결과

```
>>>
연도 입력: 2016
월 입력: 2
2016년 2월은 29일까지
>>>
연도 입력: 2019
월 입력: 4
2019년 4월은 30일까지
>>>
연도 입력: 2019
월 입력: 10
2019년 10월은 31일까지
```

실습 6-5

얼리버드 항공권 할인율을 조회하여 출력하는 파이썬 코드의 실행 결과를 작성하시오.

```python
remain_period = int(input('몇개월 후의 여행을 계획중인가요?(3개월 이상) '))
country = input('여행할 지역을 입력하세요(아시아,유럽,미주): ')
if 3 <= remain_period < 6 :
    if country == '아시아' :
        result = 8
    elif country == '유럽' :
        result = 9
    elif country == '미주' :
        result = 10
    else :
        result = None
elif 6 <= remain_period < 12 :
    if country == '아시아' :
        result = 15
    elif country == '유럽' :
        result = 17
    elif country == '미주' :
        result = 20
    else :
        result = None
elif 12 <= remain_period :
    if country == '아시아' :
        result = 25
    elif country == '유럽' :
        result = 30
    elif country == '미주' :
        result = 40
    else :
        result = None
else :
    result = None

if result:
    print('%d개월 이후의 %s 항공권은 %d%% 할인' % (remain_period, country, result))
else:
    print('기간 또는 지역 정보가 바르지 않거나, 할인이 지원되지 않는 지역입니다.')
```

실행결과

>>>
몇개월 후의 여행을 계획중인가요?(3개월 이상) **8**
여행할지역 입력(아시아,유럽,미주): **유럽**

>>>
몇개월 후의 여행을 계획중인가요?(3개월 이상) **2**
여행할 지역 입력(아시아,유럽,미주): **아시아**

6.8 선택문 도전문제

6장 도전 1-1

사용자로부터 정수를 입력 받아 짝수 및 홀수를 판별하여 출력한다.

```
num = int(input('정수 입력: '))
if               :
    print('%d은 홀수' % num)
else :
    print('%d은 짝수' % num)
```

실행결과

>>>
정수 입력: **77**
77은 홀수
>>>
정수 입력: **90**
90은 짝수

6장 도전 1-2

사용자로부터 입력 받은 정수가 양수, 음수, 0인지 판별하여 출력한다.

```python
num = int(input('정수 입력: '))
if [          ]:
    print('%d은 양수' % num)
elif [          ]:
    print('%d은 음수' % num)
else :
    print('%d은 0' % num)
```

실행결과

```
>>>
정수 입력: 77
77은 양수
>>>
정수 입력: -25
-25은 음수
```

6장 도전 1-3

아이디와 패스워드를 입력 받아 로그인 인증 결과를 출력한다.

• 아이디(admin), 패스워드(pw1234) 둘 다 맞으면 로그인 성공 메시지를 출력하고, 둘 중의 하나 이상 틀리면 오류 메시지 출력

```python
id = input('아이디 입력: ')
pwd = input('비밀번호 입력: ')
if [                          ] :
    print('로그인 성공')
else :
    print('아이디나 비밀번호가 틀려 로그인 실패')
```

실행결과

```
>>>
아이디 입력: admin
비밀번호 입력: hoho
아이디나 비밀번호가 틀려 로그인 실패
아이디 입력: admin
비밀번호 입력: pw1234
로그인 성공
```

6장 도전 2-1

두 수를 입력 받고, 사칙 연산자 중에 하나를 입력 받아 사칙 연산의 결과를 출력한다.

실행결과

첫 번째 수 입력: **20**
두 번째 수 입력: **30**
원하는 연산 기호 하나 입력: (+ - * /) **+**
20 + 30 = 50
>>>
첫 번째 수 입력: **40**
두 번째 수 입력: **10**
원하는 연산 기호 하나 입력: (+ - * /) **/**
40 / 10 = 4

6장 도전 2-2

두 번의 점수를 입력 받아 합격 및 불합격 여부를 출력한다.

- input() 함수를 이용하여 1차 및 2차 점수를 입력 받고, 조건(평균 70점 이상, 각 점수당 50점 이상(과락: 50점미만))이 맞으면 합격, 그렇지 않으면 불합격 결과 출력

- - -

```
>>>
1차 점수 입력: 70
2차 점수 입력: 95
합격
>>>
1차 점수 입력: 49
2차 점수 입력: 100
불합격
```

6장 도전 2-3

점수를 입력 받아 학점을 출력한다.

- 90이상: A, 80이상~90미만: B, 70이상~80미만: C, 60이상~70미만: D, 60미만: F

실행결과

```
>>>
점수 입력: 93
93점은 A학점
>>>
점수 입력: 77
77점은 B학점
>>>
점수 입력: 57
57점은 F학점
```

파이썬 반복문

- 파이썬 반복문에 대하여 이해할 수 있다.
- 파이썬 반복문의 종류와 구조를 이해하고 활용할 수 있다.
- 파이썬 중첩 반복문의 다양한 형태를 이해하고 표현할 수 있다.
- 파이썬 기타 제어문의 종류와 구조를 이해하고 용도에 맞게 활용할 수 있다.

파이썬 반복문은 특정 문장을 여러 번 반복하여 실행하는 반복적 구조로서 파이썬 반복문은 범위의 횟수 동안 또는 조건식이 만족하는 동안 여러 번 반복하여 실행하는 제어문 문장이다.

파이썬의 반복문의 종류에는 for 문과 while 문이 있다. for 문은 범위의 횟수 동안 특정 문장을 여러 번 반복하여 실행하는 반복문이고, while 문은 조건식의 결과가 True 이면 특정 문장을 여러 번 반복 실행하다가 조건식이 False 가 되면 반복을 종료하는 반복문이다.

7장에서는 파이썬 반복문의 종류 for 문과 while 문에 대하여 학습하고, 기타 제어문 break 문과 continue 문에 대하여 학습한다. 먼저 for 문에 대하여 살펴본다.

7.1 파이썬 반복문 개요

파이썬 반복문 형태인 for 문과 while 문의 공통 규칙과 각각의 규칙은 다음과 같다.

파이썬 반복문의 규칙

1. for 문과 while 문의 조건식 끝에는 항상 :(콜론)이 있어야 한다.
2. 실행 코드는 반드시 공백(스페이스바 또는 Tab)으로 들여쓰기(indent)를 하여 for 문과 while 문에 포함되는(종속) 코드로 작성해야 한다.

---

for 문의 규칙	while 문의 규칙
1. 제어 변수와 특정 범위를 활용하여 반복 실행한다.	1. 선택문처럼 조건식의 결과가 참 또는 거짓인지에 따라 특정 문장을 반복 실행하거나 실행하지 않는 조건적 반복 실행 구조이다.
2. 특정 범위는 range() 함수, 리스트, 문자열 등을 이용하여 지정한다.	2. while 문의 조건식들은 논리 연산이 가능한 문장 즉, 참 거짓 판별이 가능한 것이어야 한다.

7.2 for 문

for 문은 range() 함수, 리스트, 문자열 등을 이용하여 특정 범위를 지정하게 되는데, range() 함수를 이용하는 경우 시작 값부터 종료 값까지 증가 값만큼씩 증가시키면서 항목의 원소를 하나씩 꺼내와 제어 변수에 저장한 뒤, for 문에 종속된 명령문들을 실행한다. 즉, for 문을 처음 실행하게 될 때 range() 함수의 시작 값을 가져와 제어 변수에 저장한 뒤, for 문안에 있는 명령문1, … 을 실행한다. 이후 다시 for 문으로 돌아와 range() 함수의 시작 값에서 증가 값만큼 증가 시킨 값을 제어 변수에 저장한 뒤, for 문안에 있는 명령문1, … 을 다시 실행한다. 이 과정을 반복하게 되는데 range() 함수의 종료 값까지 증가하게 되면 종료 값을 제어 변수에 저장한 뒤, 마지막으로 for 문에 있는 명령문1, … 을 실행하고 for 문을 종료한다.

range() 함수는 range(0, 10, 1)과 range(0, 10)과 range(10)은 모두 0부터 9까지 1씩 증가하며 숫자를 하나씩 가져와 제어 변수에 저장한다. 즉, 시작 값을 생략하면 0이 되고, 증가 값을 생략하면 1이 된다. 하지만 종료 값은 생략할 수 없으며, 시작 값과 증가 값은 정수형이어야 하고, 증가 값은 0이 될 수 없다. for 문의 기본 구조를 살펴보면 다음과 같다.

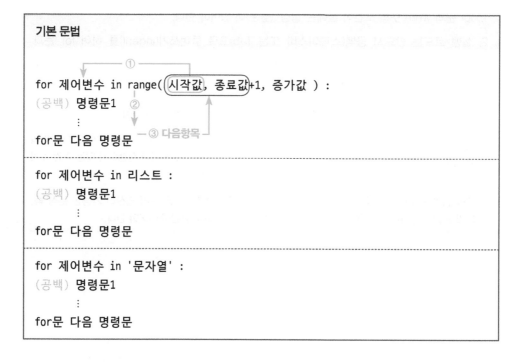

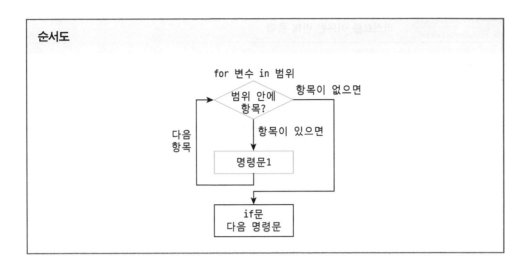

예제 7-1)의 range(5) 는 0부터 4까지 1씩 증가하면서 실행하는 예제로서, 처음에는 0 의 값을 가져와 제어변수 i 에 저장 후, '*' 문자를 i+1 (0+1) 만큼 반복 출력한다.

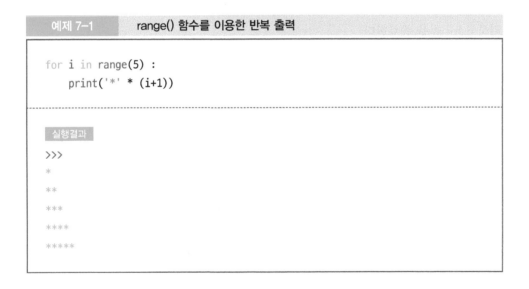

예제 7-2)는 odd 리스트에서 항목을 하나씩 가져와 반복 실행하는 예제로서, 처음에 는 odd 리스트의 1을 가져와 제어변수 i 에 저장 후, i+1 (1+1)을 출력한다. 이후 odd 리스트의 다음 항목 3을 가져와 제어변수 i 에 저장 후 i+1 (3+1)을 출력한다. 이 과정 을 반복하게 되는데 마지막 항목 9를 가져와 제어변수 i 에 저장 후 i+1 (9+1)을 출력 하고 for 문을 종료한다.

예제 7-2	리스트를 이용한 반복 출력

```
odd = [1, 3, 5, 7, 9]
for i in odd :
    print(i+1, end=' ')
```

실행결과
```
>>>
2 4 5 8 10
```

예제 7-3)은 'Python' 문자열에서 문자를 하나씩 가져와 반복 실행하는 예제로서, 처음에는 'Python' 문자열의 문자 'P'를 가져와 제어변수 i 에 저장 후, i ('P')를 출력한다. 이후 'Python' 문자열의 다음 문자 'y'를 가져와 제어변수 i 에 저장 후 i ('y')를 출력한다. 이 과정을 반복하게 되는데 마지막 문자 'n'을 가져와 제어변수 i 에 저장 후 i (n')을 출력하고 for 문을 종료한다.

예제 7-3	문자열을 이용한 반복 출력

```
for i in 'Python' :
    print(i, end=' ')
```

실행결과
```
>>>
P y t h o n
```

7.3 while 문

while 문은 선택문처럼 조건식의 결과에 따라 실행 여부가 결정되는데, 선택문은 조건식의 결과가 참이면 실행하고, 거짓이면 건너 띄는 과정을 한 번만 실행한다. 반면 while 문은 조건식의 결과가 참이면 종속된 특정 문장을 실행하고, 조건식을 다시 확인하여 결과가 참이면 다시 반복 실행, 거짓이면 종료하게 된다. 즉, 조건 확인과 실행을 계속적으로 반복하는 조건적 반복 실행 구조이다. while 문의 기본 구조를 살펴보면 다음과 같다.

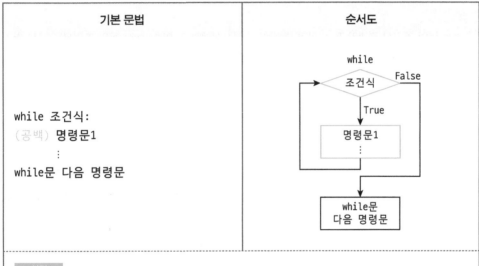

기본 문법	순서도
while 조건식: （공백） 명령문1 　　　⋮ while문 다음 명령문	

설명

while 문의 조건식 결과가 True 라면 명령문1, … 을 실행하고, 이후 while 문의 조건식을 다시 확인하여 결과가 True 라면 명령문1, … 을 실행하는 과정을 반복하다가 조건식의 결과가 False 가 되면 명령문1, … 을 건너뛰고 while문 구조를 벗어나 while문 다음 명령문을 실행한다.

기본 문법	순서도

while 조건식:
(공백) 명령문1
 ⋮
else:
(공백) 명령문2
 ⋮
while문 다음 명령문	

> **설명**
>
> while 문의 조건식 결과가 True 라면 명령문1, … 을 실행하고, 이후 while 문의 조건식을 다시 확인하여 결과가 True 라면 명령문1, … 을 실행하는 과정을 반복하다가 조건식의 결과가 False 가 되면 명령문2, … 을 실행하고 while문 구조를 벗어나 while문 다음 명령문을 실행한다.

예제 7-4)를 실행하면 처음에는 while 문의 year<=3 조건식을 만족하기 때문에 '서당개 1 년' 문장을 출력하고, year 변수를 1 증가시켜 year 변수는 2가 된다. 이후 while 문의 year<=3 조건식을 다시 확인하는데 결과가 참이기 때문에 '서당개 2 년' 문장을 출력하고, year 변수를 1 증가시키는 과정을 반복하다가 year 변수가 4가 되면 year<=3 조건식을 만족하지 않기 while 문을 벗어나 '풍월을 읊습니다.' 문장을 출력한다.

예제 7-4	while 문을 이용한 반복 출력 (1)

```
year = 1
while year <= 3 :
    print('서당개',year,'년')
    year += 1

print('풍월을 읊습니다.')
```

```
실행결과
>>>
서당개 1 년
서당개 2 년
서당개 3 년
풍월을 읊습니다.
```

예제 7-5)를 실행하여 'y'를 입력하면 while 문의 result != 'y' 조건식을 만족하지 않기 때문에 while 문을 벗어나 '종료' 문장을 출력 후 종료하고, 그 외의 다른 값을 입력하면 result !=' y' 조건식을 만족하기 때문에 '파이썬 최고!' 문장을 출력하고 다른 값을 입력 받는 과정을 반복 실행한다.

예제 7-5	while 문을 이용한 반복 출력 (2)

```
result = None
while result != 'y':
    print('파이썬 최고!')
    result = input('계속하려면 입력:(종료:y) ')

print('종료')
```

```
실행결과
>>>
파이썬 최고!
계속하려면 입력:(종료:y) hi
파이썬 최고!
계속하려면 입력:(종료:y) 1234
파이썬 최고!
계속하려면 입력:(종료:y) y
종료
```

예제 7-6)은 단을 입력 받아 구구단을 출력하는 예제이다. 위의 예제는 for 문을 이용하고, 아래 예제는 while 문을 이용한다. for 문을 이용한 예제에서는 range() 함수를 이용하여 1부터 9까지 반복하면서 구구단을 출력하고, while 문을 이용한 예제에서는 조건식 i <= 9를 만족할 때까지 반복하면서 구구단을 출력한다.

예제 7-6	단을 입력 받아 구구단을 출력한다.

```
num = int(input('단 입력: '))
for i in range(1, 10):
    print('%d × %d = %d' % (num, i, num * i))
```

```
i = 1
num = int(input('단 입력: '))
while i <= 9 :
    print('%d × %d = %d' % (num, i, num * i))
    i += 1
```

실행결과

```
>>>
단 입력: 7
7 × 1 = 7
7 × 2 = 14
7 × 3 = 21
7 × 4 = 28
7 × 5 = 35
7 × 6 = 42
7 × 7 = 49
7 × 8 = 56
7 × 9 = 63
```

7.4 기타 제어문

for 문이나 while 문으로 반복 실행하다 보면 특정 상황이 발생했을 때 반복의 흐름을 바꿔야할 필요가 발생한다. break 문을 만나게 되면 반복 구간을 더 이상 실행하지 않고 반복문을 강제 종료한다. continue 문을 만나게 되면 반복 구간의 남은 명령문을 실행하지 않고 반복문 처음으로 이동한다. break 문과 continue 문의 기본 구조를 살펴보면 다음과 같다.

구분	순서도
break 문을 이용한 강제 종료	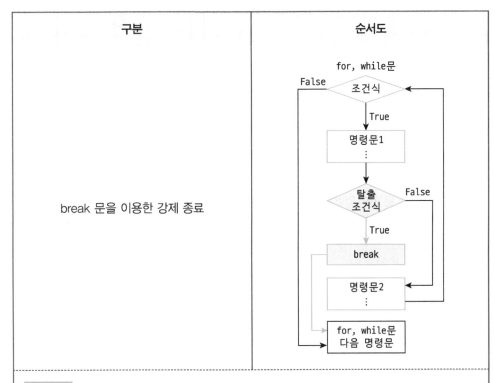

> **설명**
>
> for 문이나 while 문 안의 명령문1, … 을 실행하다가 탈출 조건식 결과에 따라 True 이면 break 문을 만나게 되어 반복 실행 구간의 명령문2, …를 실행하지 않고 for 문이나 while 문을 벗어나 다음 명령문을 실행한다. 탈출 조건식의 결과가 False 이면 for 문이나 while 문의 반복 실행 구간을 계속 실행한다.

구분	순서도
continue 문을 이용한 반복 구간 건너 띄기	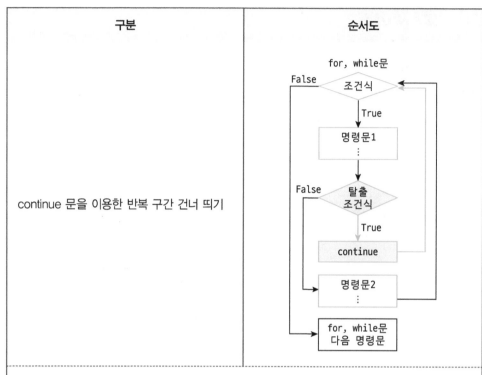

설명

for 문이나 while 문 안의 명령문1, … 을 실행하다가 탈출 조건식 결과에 따라 True 이면 con-tinue 문을 만나게 되어 반복 실행 구간의 명령문2, …를 실행하지 않고 for 문이나 while 문의 처음으로 이동한다. 탈출 조건식의 결과가 False 이면 for 문이나 while 문의 반복 실행 구간을 계속 실행한다.

예제 7-7)처럼 while 문의 조건식을 True 로 표현하면 조건이 항상 참이 되어 무한 반복 실행하게 된다. 조건 결과가 항상 참이 되면 무한 반복(무한 루프)을 하게 되어 프로그램을 종료할 수 없게 된다. 조건식을 True 로 표현하지 않더라도 프로그램을 작성하다 보면 반복 실행이 종료되지 않는 상황이 발생할 수 있다. 이런 경우 for 문이나 while 문안에 탈출 조건식을 작성하여 탈출 조건에 만족하면 강제 종료하도록 해야 한다. 예제 7-7)은 while True 문에 따라 무한 반복을 실행하게 되는데, 내부에 탈출 조건식 num == 0 을 만족하게 되면 beak 문을 만나게 되어 while 문을 강제 종료한다.

예제 7-7	무한루프 while 문안에서 break 를 이용한 강제 종료

```python
while True:
    num = int(input('번호 입력(종료 0): '))
    if num == 0 :
        break
    print('while 무한루프로 반복중')
```

실행결과

```
>>>
번호 입력(종료 0): 1
while 무한루프로 반복중
번호 입력(종료 0): 3
while 무한루프로 반복중
번호 입력(종료 0): 0
```

예제 7-8)은 1~30 사이의 정수 중에서 7의 배수를 출력하는 예제이다. 위의 예제는 for 문안에 if 문을 이용하여 7 로 나눈 나머지가 0 이면 '7의 배수' 문장을 출력한다. 아래 예제는 for 문안에 if 문을 이용하여 7 로 나눈 나머지가 0 이 아니면 continue 문을 만나게 되어 '7의 배수' 문장을 출력하지 않고 for 문의 처음으로 이동한다.

예제 7-8	1~30 사이의 정수 중에서 7의 배수 출력

```python
for i in range(1,31) :
    if i % 7 == 0 :
        print('7의 배수:',i)
```

```python
for i in range(1,31) :
    if i % 7 != 0 :
        continue
    print('7의 배수:',i)
```

```
실행결과
>>>
7의 배수: 7
7의 배수: 14
7의 배수: 21
7의 배수: 28
```

파이썬에는 기타 제어문으로 pass 문이 있는데, pass 문은 아무것도 실행하지 않는 문장이다. 반복문이나 임시 함수 작성 시 기본 틀만 표현하려고 내부에 당장 아무것도 작성하지 않으면 오류가 발생한다. 이럴 때 임시적으로 pass 문을 작성해 놓으면 오류 없이 기본 틀을 갖출 수 있다. 이후 실제 코드를 작성할 때 pass 문을 삭제한다. 예제 7-9)는 pass 문의 사용 형태이다.

예제 7-9	pass 사용 형태
`while True:` `    pass`	`for i in range(10):` `    pass`

7.5 중첩 반복문

중첩 반복문은 반복문 내부에 또 다른 반복문이 표현되어 있는 형태이다. 한 번의 반복문으로 수행하기 어려운 복잡한 문제의 경우 중첩 반복문을 사용하여 해결한다. while 문안에 while 문이 중첩되거나 while 문안에 for 문이 중첩되어 작성하다. 또는 for 문안에 for 문이 중첩되거나 for 문안에 while 문이 중첩되어 작성될 수 있다. while 문안의 중첩 반복문 기본 구조를 살펴보면 다음과 같다.

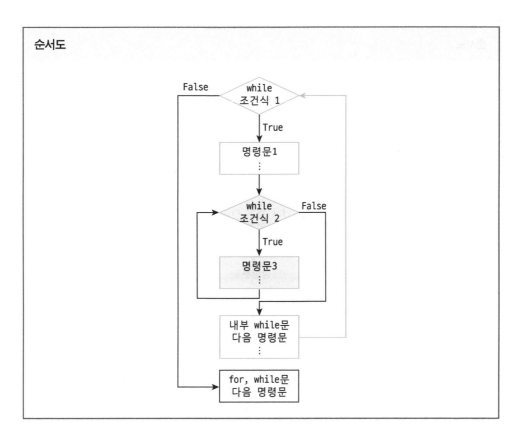

기본 문법

```
        while 조건식1 :          ①
        (공백) 명령문1
                ⋮                ②
        (공백) for 제어변수 in range( 시작값 , 종료값+1, 증가값 ) :
        (공백) (공백) 명령문3 ③
                ⋮
                        — ④ 다음항목 —
        (공백) 내부 for문 다음 명령문
                ⋮
        외부 while문 다음 명령문
```

순서도

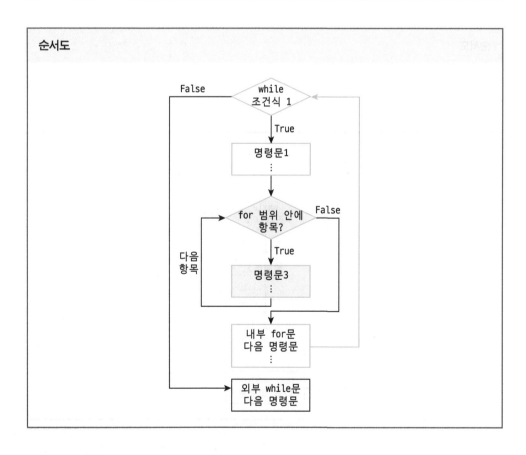

예제 7-10)은 외부 while True 문에 따라 0을 입력하기 전까지 무한 반복을 실행하게 되는데, 내부 while 문에서는 입력 받은 단의 구구단을 모두 출력하면 내부 while 문의 수행을 완료한다. 이후 외부 while 문으로 이동하여 단을 입력 받고 구구단을 출력하는 과정을 반복하다가 0을 입력하게 되면 외부 while True 문을 종료하게 되어 종료 메시지를 출력하고 프로그램을 종료한다.

예제 7-10　　0을 입력하기 전까지 단을 입력 받아 구구단을 출력한다.

```python
while True:
    num = int(input('단 입력(종료:0) '))
    if num == 0:
        break
    i = 1
    while i <= 9:
        print('%d × %d = %d' % (num, i, num * i))
        i += 1
print('구구단 프로그램 종료')
```

실행결과
```
>>>
단 입력: 7
7 × 1 = 7
7 × 2 = 14
7 × 3 = 21
7 × 4 = 28
7 × 5 = 35
7 × 6 = 42
7 × 7 = 49
7 × 8 = 56
7 × 9 = 63
단 입력(종료:0) 3
3 × 1 = 3
3 × 2 = 6
3 × 3 = 9
3 × 4 = 12
3 × 5 = 15
```

```
3 × 6 = 18
3 × 7 = 21
3 × 8 = 24
3 × 9 = 27
단 입력(종료:0) 0
구구단 프로그램 종료
```

예제 7-11)은 외부 while True 문에 따라 0을 입력하기 전까지 무한 반복을 실행하게 되는데, 내부 for 문에서는 입력 받은 영어 단어의 글자 하나씩을 alpha 딕셔너리 key 에 대응하는 value 값의 암호코드를 가져와 code 변수에 저장한다. 영어 단어 글자들의 암호코드를 code 변수에 모두 저장했다면 내부 for 문의 수행을 완료하게 되어 영어 단어와 암호코드를 출력한다. 이후 영어 단어를 입력 받아 암호코드를 저장하고 출력하는 과정을 반복하다가 0을 입력하게 되면 while True 문을 종료하게 되어 종료 메시지를 출력하고 프로그램을 종료한다.

예제 7-11 **영문 대문자를 입력 받아 암호로 변환하여 출력한다.**

```python
alpha = {'A':'1!','B':'2@','C':'3#','D':'4$','E':'5%'}
while True:
    code = ''
    word = input('대문자 A~E 단어 입력(종료:0) ')
    if word == '0':
        break
    for ch in word:
        code += alpha[ch]
    print('단어:',word,', 암호코드:',code,'\n')
print('암호코드 변환 프로그램 종료')
```

```
>>>
대문자 A~E 단어 입력(종료:0) AABBC
단어: AABBC , 암호코드: 1!1!2@2@3#

대문자 A~E 단어 입력(종료:0) EDCBA
단어: EDCBA , 암호코드: 5%4$3#2@1!

대문자 A~E 단어 입력(종료:0) 0
암호코드 변환 프로그램 종료
```

실행결과

이외에 for 문안의 중첩 반복문 기본 구조를 살펴보면 다음과 같다.

기본 문법

```
                         ──── ① ────
     for 제어변수1 in range( 시작값, 종료값 +1, 증가값 ) :
② (공백) 명령문1                    ↑
        :                    ⑤ 다음항목
     (공백) while 조건식1 :      ③
④ (공백) (공백) 명령문3
        :
     (공백) 내부 while문 다음 명령문
        :
     외부 for문 다음 명령문
```

순서도

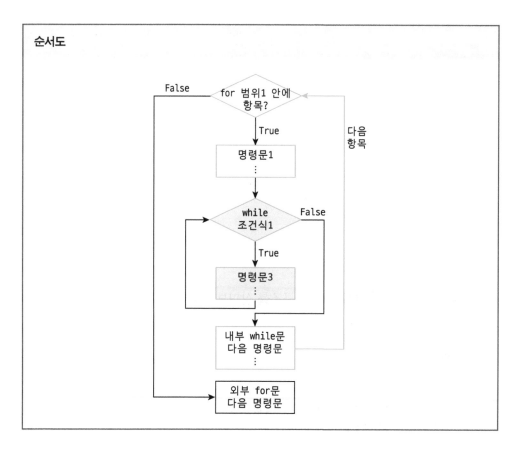

기본 문법

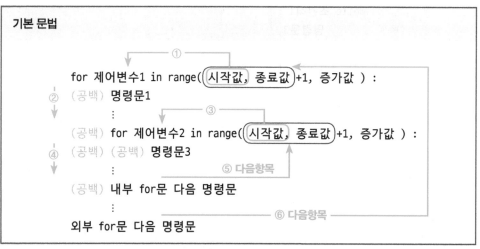

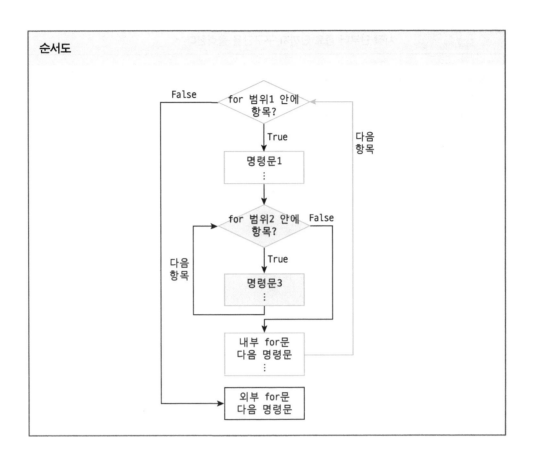

예제 7-12)은 외부 for 문에 range() 함수를 이용하여 입력 받은 시작 단과 종료 단까지 구구단 출력을 실행하게 되는데, 내부 while 문에서는 시작 단의 구구단을 모두 출력하면 내부 while 문의 수행을 완료한다. 이후 외부 for 문으로 이동하여 다음 단의 구구단을 출력하는 과정을 반복하다가 종료 단까지 모두 출력하게 되면 외부 for 문을 종료하게 되어 종료 메시지를 출력하고 프로그램을 종료한다.

예제 7-12   시작 단부터 종료 단까지 구구단을 출력한다.

```python
start = int(input('시작단 입력: '))
end = int(input('종료단 입력: '))
for num in range(start,end+1) :
    i = 1
    while i <= 9:
        print('%d × %d = %d' % (num, i, num * i))
        i += 1
print('구구단 프로그램 종료')
```

실행결과

```
>>>
시작단 입력: 2
종료단 입력: 3
2 × 1 = 2
2 × 2 = 4
2 × 3 = 6
2 × 4 = 8
2 × 5 = 10
2 × 6 = 12
2 × 7 = 14
2 × 8 = 16
2 × 9 = 18
3 × 1 = 3
3 × 2 = 6
3 × 3 = 9
3 × 4 = 12
3 × 5 = 15
3 × 6 = 18
3 × 7 = 21
3 × 8 = 24
3 × 9 = 27
구구단 프로그램 종료
```

예제 7-13)의 외부 for 문에서는 main 리스트의 처음 속 재료를 하나 가져와 실행하게 되는데, 내부 for 문에서는 side 리스트의 속 재료를 하나씩 가져와 김밥의 배합을 출력하면 내부 for 문의 수행을 완료한다. 이후 외부 for 문으로 이동하여 main 리스트의 다음 속 재료를 가져와 내부 for 문의 side 리스트의 속 재료와의 김밥 배합을 출력하는 과정을 반복하다가 모두 출력하게 되면 외부 for 문을 종료하게 되어 프로그램을 종료한다.

예제 7-13   **김밥 배합을 출력한다.**

```python
main = ['참치','소고기']
side = ['치즈','김치']
i = 1
for m in main :
    for s in side :
        print(i,m+'+'+s+'+단무지')
        i += 1
```

실행결과

```
>>>
1 참치+치즈+단무지
2 참치+김치+단무지
3 소고기+치즈+단무지
4 소고기+김치+단무지
```

7.6 반복문 실습

실습 7-1

학생 정보 입력 받아 평균을 출력한다.

```python
students = []            # 학생 리스트
sum = 0                  # 합계

num = int(input('학생 수 입력: '))
for i in range(num) : # 학생 정보 저장을 위한 for문
    print('<<',i+1,'번째 학생 정보 입력 >>')
    name = input('학생 이름 입력: ')
    score = int(input('%s 점수 입력: ' % name))
    students.append([name, score])  # 학생 리스트에 저장
    sum += score                     # 총점 구함

for info in students : # 학생 정보 출력을 위한 for문
    print('이름: %s, 점수: %d' % (info[0], info[1]))
print('학생들 점수 평균: %5.2f' % (sum/num))
```

- -

실행결과

```
>>>
학생 수 입력: 3
<< 1 번째 학생 정보 입력 >>
학생 이름 입력: 박보검
박보검 점수 입력: 90
<< 2 번째 학생 정보 입력 >>
학생 이름 입력: 정우성
정우성 점수 입력: 80
<< 3 번째 학생 정보 입력 >>
학생 이름 입력: 차은우
차은우 점수 입력: 85
이름: 박보검, 점수: 90
이름: 정우성, 점수: 80
이름: 차은우, 점수: 85
학생들 점수 평균: 85.00
```

실습 7-2

컴퓨터가 생각한 숫자 맞추기 게임

```python
import random
com = random.randint(1,20)
print('<< 컴퓨터가 생각한 1~20 숫자 맞추기 >>')
while True :
    player = int(input('숫자 입력(종료 0): '))
    if player == 0 :
        break
    elif player == com :
        print('정답!!')
        break
    elif player > com :
        print('더 작은 숫자 입력! ')
    elif player < com :
        print('더 큰 숫자 입력! ')
```

실행결과

```
>>>
<< 컴퓨터가 생각한 1~20 숫자 맞추기 >>
숫자 입력(종료 0): 10
더 큰 숫자 입력!
숫자 입력(종료 0): 15
더 작은 숫자 입력!
숫자 입력(종료 0): 12
더 큰 숫자 입력!
숫자 입력(종료 0): 13
정답!!
```

실습 7-3

3, 6, 9로 끝나는 숫자는 '짝'을 출력하는 369 게임

```python
print('<< 369 게임 >>')
num = int(input('1부터 어디까지 진행할까요? '))

for i in range(1,num+1) :
    if i % 10 == 3 or i % 10 == 6 or i % 10 == 9 :
        print('짝', end=' ')
    else :
        print(i, end=' ')
```

실행결과

```
>>>
1부터 어디까지 진행할까요? 20
1 2 짝 4 5 짝 7 8 짝 10 11 12 짝 14 15 짝 17 18 짝 20
```

실습 7-4

삼각형 모양의 별을 출력하는 파이썬 코드의 실행 결과를 작성하시오.

```python
for i in range(5) :
    print('*' * (5-i))
```

```python
for i in range(5) :
    print(str(5-i) * (5-i))
```

실행결과

```
>>>
*****
****
***
**
*
```

실행결과

```
>>>
```

실습 7-5

영문 대문자를 입력하면 모스 부호를 출력한다.

```python
morse_dict = {'A':'.-','B':'-...', 'C':'-.-.', 'D':'-..',
              'E':'.', 'F':'..-.', 'G':'--.', 'H':'....',
              'I':'..', 'J':'.---', 'K':'-.-', 'L':'.-..',
              'M':'--', 'N':'-.', 'O':'---', 'P':'.--.',
              'Q':'--.-', 'R':'.-.', 'S':'...', 'T':'-',
              'U':'..-', 'V':'...-', 'W':'.--', 'X':'-..-',
              'Y':'-.--', 'Z':'--..'}
while True :
    morse_code = ''
    word = input('대문자 단어 입력(종료:0) ')
    if word == '0' :
        break
    for ch in word :
        morse_code += morse_dict[ch]
        morse_code += '  '
    print('단어:', word, ', 모스 코드: ', morse_code, '\n')
print('모스 부호 변환 프로그램 종료')
```

실행결과

```
>>>
대문자 단어 입력(종료:0) APPLE
단어: APPLE , 모스 코드:  .-  .--.  .--.  .-..  .

대문자 단어 입력(종료:0) 0
모스 부호 변환 프로그램 종료
```

실습 7-6

정수를 입력 받아 정수만큼 하트 기호를 출력한다. (단, 두 자리 이상의 정수는 자리수를 분리
하여 하트 기호를 출력한다.)

```python
str_num = input('정수 입력: ')
i = 0
for i in range( len(str_num) ) :
    heart_num = int(str_num[i])
    heart = ''   # 저장값 초기화
    for k in range( heart_num ) :
        heart += '♥'
    print(heart)
```

실행결과

```
>>>
정수 입력: 37
♥♥♥
♥♥♥♥♥♥♥
```

7.7 반복문 도전문제

7장 도전 1-1
직각삼각형 모양의 별을 출력한다.

```
for i in range(5) :
    print(' '*(□),'*'*(□))
```

실행결과
```
>>>
    *
   **
  ***
 ****
*****
```

```
for i in range(5) :
    print(' '*(□),'*'*(□))
```

실행결과
```
>>>
*****
****
***
**
*
```

7장 도전 1-2
정삼각형과 역삼각형 모양의 별을 출력한다.

```
for i in range(5) :
    print(' '*(□),'*'*(□))
```

실행결과
```
>>>
    *
   ***
  *****
 *******
*********
```

```
for i in range(5) :
    print(' '*(□),'*'*((□)))
```

실행결과
```
>>>
*********
 *******
  *****
   ***
    *
```

7장 도전 1-3

타자 연습 게임 프로그램

```python
import random
word = ['반짝이는','별빛들','깜빡 이는','불 켜진','건물','우린','빛나고',
'있네','각자의 방','각자의','별에서']
input('타자게임 시작 (엔터 입력) ')
w = random.choice(word)
n = 1          # 문제번호
while True :
    print('문제',n,'(종료 0):',w)
    my = input()
    if my == '0' :
        break
    elif my == w :
        print('맞음!!\n')
        w = random.choice(word)
    else :
        print('틀림! 다시!\n')
    n += 1     # 문제번호 증가
```

실행결과

```
>>>
타자게임 시작 (엔터 입력)
문제 1 (종료 0): 건물
건물
맞음!!

문제 2 (종료 0): 별에서
별에서
맞음!!

문제 3 (종료 0): 깜빡 이는
0
```

7장 도전 2-1

도전 1-1) 타자 연습 게임 프로그램을 변형하여 맞힌 문제 개수와 정답률을 출력한다.

실행결과

```
>>>
타자게임 시작 (엔터 입력)
문제 1 (종료 0): 건물
건물
맞음!!

문제 2 (종료 0): 별에서
별
틀림! 다시!

문제 3 (종료 0): 깜빡 이는
0

맞힌 문제 개수: 1, 정답률: 50.00%
```

7장 도전 2-2

실습 7-3)을 변형하여 3, 6, 9로 끝나는 숫자는 '짝', 10의 배수는 '따봉'을 출력하는 369 게임을 완성하시오.

실행결과

>>>
1 2 짝 4 5 짝 7 8 짝 따봉 11 12 짝 14 15 짝 17 18 짝 따봉

7장 도전 2-3

예제 7-13)을 응용하여 모든 샌드위치 배합을 출력한다. (단, 샌드위치의 속 재료는 빵, 패티, 드레싱 등으로 한다.)

실행결과

>>>
1 위트+미트볼+랜치드레싱
2 위트+로스트치킨+랜치드레싱
3 위트+터키베이컨+랜치드레싱
4 허니오트+미트볼+랜치드레싱
5 허니오트+로스트치킨+랜치드레싱
6 허니오트+터키베이컨+랜치드레싱
7 화이트+미트볼+랜치드레싱
8 화이트+로스트치킨+랜치드레싱
9 화이트+터키베이컨+랜치드레싱

7장 도전 2-4

실습 7-2)를 변형하여 컴퓨터가 생각한 숫자를 5번 이내에 맞추기

실행결과

```
>>>
<< 컴퓨터가 생각한 1~20 숫자 맞추기 >>
숫자 입력(종료 0): 10
더 큰 숫자 입력!
숫자 입력(종료 0): 15
더 작은 숫자 입력!
숫자 입력(종료 0): 13
정답!!
>>>
<< 컴퓨터가 생각한 1~20 숫자 맞추기 >>
숫자 입력(종료 0): 10
더 큰 숫자 입력!
숫자 입력(종료 0): 11
더 큰 숫자 입력!
숫자 입력(종료 0): 12
더 큰 숫자 입력!
숫자 입력(종료 0): 13
더 큰 숫자 입력!
숫자 입력(종료 0): 14
더 큰 숫자 입력!
5번 시도 완료!
```

8

선택문과
반복문 활용

지금까지 문제를 해결하는 방법으로 다양한 제어문을 학습했다. 조건식이 만족할 경우 처리해주는 선택문과 동일한 작업을 여러 번 수행해하는 경우에 해결하기 위한 반복문을 학습했다. 대표적인 반복문 for문과 while문 반복문 처리에 꼭 정리해야 할 break문, continue제어문을 다루었다. 8장에서는 다양한 제어문을 활용하여 일상생활 속의 문제를 해결할 수 있는 효율적인 방법들을 살펴본다.

8.1 for문과 선택문 활용

(1) for문과 if문 활용

예제 8-1)은 이번 학기 수강하는 과목의 점수를 리스트에 저장하고 점수가 70점 이상인 과목의 수를 출력하는 문제이다. 리스트의 요소를 처음부터 끝까지 차례대로 방문하여 리스트의 요소가 70점 이상인 점수의 개수를 누적하여 출력해주는 프로그램이다.

예제 8-1	과목의 점수를 리스트에 저장하고, 점수가 70점 이상인 과목 수를 출력

```
score=[70,90,60,100,50]
cnt=0 # 반드시 초기화
for i in range(5):
    if score[i]>=70:
        cnt += 1

print('count:',cnt)
```

실행결과
```
>>>
count: 3
```

(2) for문과 if ~else문 활용

예제 8-2)는 사용자로부터 시작, 끝 값을 입력 받은 후 시작과 끝 값 사이의 전체 합계, 짝수의 합계, 홀수의 합계를 출력하는 프로그램이다.

예제 8-2	전체합계, 짝수의 합, 홀수의 합 출력

```python
s=int(input('start num: '))
e=int(input('end num: '))

# 변수의 초기화
total, even, odd=0,0,0
for i in range(s,e+1):
    total += i
    if i % 2 == 0: # 짝수판단
        even += i
    else:
        odd += i

print('전체합계 : ',total)
print('짝수의 합: ',even)
print('홀수의 합: ',odd)
```

실행결과

```
>>>
start num: 1
end num: 10
전체합계 :  55
짝수의 합:  30
홀수의 합:  25
```

(3) for문과 if ~elif ~...else문 활용

예제 8-3)은 학생들의 코딩 점수가 리스트에 저장되어 있다고 가정하고 각 학생들의 점수를 확인한 후 90점 이상이면 'LEVEL 1', 80점 이상이면 'LEVEL 2', 70점 이상이면 'LEVEL 3', 나머지는 'FAIL' 메시지를 출력하는 프로그램이다.

| 예제 8-3 | 레벨 판별 프로그램 |

```
score=[85,95,70,50,100]
n=0
print('코딩 시험 결과')
print('-'*30)
for s in score:
    n += 1

    if s>=90:
        result='LEVEL1'
    elif s>=80:
        result='LEVEL2'
    elif s>=70:
        result='LEVEL3'
    else:
        result='FAIL'

    print('{}번 학생의 점수는  {}입니다.'.format(n,s))
    print('결과는 {}입니다.'.format(result))
    print()
```

실행결과

```
>>>
코딩 시험 결과
------------------------------
1번 학생의 점수는  85입니다.
결과는 LEVEL2입니다.

2번 학생의 점수는  95입니다.
결과는 LEVEL1입니다.
```

```
3번 학생의 점수는   70입니다.
결과는 LEVEL3입니다.

4번 학생의 점수는   50입니다.
결과는 FAIL입니다.

5번 학생의 점수는   100입니다.
결과는 LEVEL1입니다.
```

 Note

print() 문에서 문자열을 구성할 때 format을 활용할 수 있다. 문자열안에 중괄호 {}를 표시하여 자료를 지정하고, 문자열 뒤에 점(.)을 입력한 후 format을 입력하고 괄호() 안에 {}에 대응하는 자료를 지정하면 된다. format()안에 정의되는 자료는 인덱스 번호로 문자열 안의 {}에 적용되며, 인덱스 번호는 0부터 시작된다. 인덱스 번호가 생략되면 format()의 값이 차례대로 {}에 대입된다.

8.2 while문과 선택문 활용

(1) while문과 if문 활용

예제 8-4)는 컴퓨터가 생성한 주사위 숫자와 사용자가 입력한 숫자를 비교하여 높은 숫자가 나오면 이기는 주사위게임이다. '0'을 입력하면 게임은 종료되고 아무거나 입력하면 프로그램은 계속된다. 랜덤숫자를 생성하는 방법은 random모듈을 사용한다.

예제 8-4	주사위 게임

```
import random

print('주사위 게임 시작')
throw=input('Enter를 치세요')
while throw != '0':
    com=random.randint(1,6)
    user=int(input('num: '))
    if com>user:
        win='com'
    else:
        win='user'
    print('com {} : user {},  {} win'.format(com,user,win))

    throw=input('재시작:Enter,종료:0 ')
```

실행결과

```
주사위 게임 시작
Enter를 치세요
num: 5
com 4 : user 5, user win
재시작:Enter,종료:0
num: 4
com 5 : user 4, com win
재시작:Enter,종료:0 0
>>>
```

(2) 무한루프, break문 활용

예제 8-5)는 사용자로부터 숫자를 입력 받아 숫자만큼 그래프를 그리는 프로그램이다. 단, 입력되는 숫자가 0이 들어오면 막대그래프 그리는 것을 멈춘다.

예제 8-5	막대그래프 그리기

```python
print('입력 받은 숫자만큼 막대그래프 그리기')
while True:
    n=int(input('n:'))
    if n==0:
        break
    for i in range(n):
        print('*',end='')
    print()
```

실행결과

```
입력 받은 숫자만큼 막대그래프 그리기
n:5
*****
n:4
****
n:10
**********
n:0
>>>
```

예제 8-6)은 컴퓨터가 생성한 구구단 문제에 대한 정답을 사용자로부터 입력받아 'PASS', 'FAIL'을 출력하는 프로그램이다. 단, 입력되는 문자가 0이 들어오면 프로그램은 종료된다.

예제 8-6	구구단 게임 만들기

```python
import random

print('구구단 게임')
while True:
    s=input('시작:아무키나,종료:0 ')
    if s=='0':break
    dan=random.randint(2,9)
    num=random.randint(1,9)
    print('{}x{} = '.format(dan,num))
    ans=int(input('answer:'))
    if ans==dan*num:
        print('PASS')
    else:
        print('FAIL')
```

실행결과

```
구구단 게임
시작:아무키나,종료:0
8 x 1 =
answer:8
pass
시작:아무키나,종료:0
8 x 7 =
answer:56
pass
시작:아무키나,종료:0
5 x 3 =
answer:10
fail
시작:아무키나,종료:0 0
>>>
```

8.3 중첩 for문 활용

예제 8-7)는 중첩 for문을 활용하여 실행결과와 같이 1은 1개, 2는 2개, ...5는 5개의 숫자 피라미드를 출력하는 프로그램이다.

예제 8-7	숫자 피라미드 만들기

```
for i in range(1,6):
    for j in range(1,i+1):
        print(i, end='')
    print()
```

실행결과

```
>>>
1
22
333
4444
55555
```

예제 8-8)는 중첩 for문을 활용하여 실행결과와 같이 1부터 10까지의 정수에 대한 약수와 약수의 개수를 구하는 프로그램이다.

예제 8-8	약수와 약수의 개수 출력하기

```
for i in range(1,11):
    cnt=0
    print('%2d의 약수 : ' % i, end='')
    for j in range(1,i+1):
        if i % j==0:
            print(j,end=' ')
            cnt +=1
    print('(%d)' % cnt)
```

```
실행결과
>>>
 1의 약수 : 1 (1)
 2의 약수 : 1 2 (2)
 3의 약수 : 1 3 (2)
 4의 약수 : 1 2 4 (3)
 5의 약수 : 1 5 (2)
 6의 약수 : 1 2 3 6 (4)
 7의 약수 : 1 7 (2)
 8의 약수 : 1 2 4 8 (4)
 9의 약수 : 1 3 9 (3)
10의 약수 : 1 2 5 10 (4)
```

8.4 효율적인 자료구조와 반복문 활용

(1) 리스트와 반복문

예제 8-9)는 리스트에 저장된 점수를 비교하여 전체 순위를 구하는 프로그램이다. score리스트에 5개의 점수가 저장되어 있다고 가정한다. 외부 for문에서 선택한 리스트의 값과 내부 for문에서 모든 리스트의 값과 비교한다. 외부 for문에서 선택된 리스트 값보다 내부 for문에서 큰 값이 존재한다면 순위는 순위+1로 계산된다.

예제 8-9	순위 구하기

```python
score=[70,80,60,100,50]
rank=[0]*5
n=len(score)
for i in range(n):
    rank[i]=1
    for j in range(n):
        if score[i]<score[j]:
            rank[i]+=1
```

```
for i in range(n):
    print('score {}, rank {}'.format(score[i],rank[i]))
```

```
>>>
score 70, rank 3
score 80, rank 2
score 60, rank 4
score 100, rank 1
score 50, rank 5
```

예제 8-10)는 리스트에 저장된 점수를 차례대로 읽어 와서 리스트 저장된 번호 순으로
'합격' 또는 '불합격'을 출력하고 합격한 학생 수를 출력하는 프로그램이다. 합격의 기준
은 점수가 80점 이상이다.

예제 8-10   **합격/불합격 판단하기**

```
score=[60,80,90,70,95]
cnt=0
print(score)
for i in range(len(score)):
    if score[i]>80:
        result='합격'
        cnt += 1


    else:
        result='불합격'
    print('{}번 학생은 {}입니다.'.format(i+1,result))

print('합격한 학생 수: ', cnt)
```

```
>>>
[60, 80, 90, 70, 95]
1번 학생은 불합격입니다.
2번 학생은 불합격입니다.
3번 학생은 합격입니다.
4번 학생은 불합격입니다.
5번 학생은 합격입니다.
합격한 학생 수:  2
```

(2) 딕셔너리와 반복문

예제 8-11)는 딕셔너리에 학생 식당 메뉴(키)와 가격(값)을 저장하고 전체 정보를 출력한 후 메뉴에 대한 가격을 검색해서 출력해주는 프로그램이다. 프로그램은 사용자가 'q'를 입력하면 종료된다. 키와 값은 아래와 같다.

키(key)	값(value)
라면	3000
떡볶이	4000
김밥	2000
햄버거	5000

예제 8-11   **메뉴와 가격정보 출력하기**

```python
menu={}

menu['라면']=3000
menu['떡볶이']=4000
menu['김밥']=2000
menu['햄버거']=5000

for i in menu.keys():
    print('{}-{}'.format(i,menu[i]))

while True:
    s=input('seach menu : ')
    if s=='q':break
    print(menu.get(s,'not Found'))
```

실행결과

```
>>>
라면-3000
떡볶이-4000
김밥-2000
햄버거-5000
seach menu : 김밥
2000
seach menu : 라면
3000
seach menu : 참치마요
not Found
seach menu : q
```

예제 8-12)는 리스트에 동아리 회원의 정보를 사용자로부터 입력 받아 출력하는 프로그램이다. 딕셔너리 키에 해당되는 값을 사용자로부터 입력 받아 딕셔너리에 저장한 후 딕셔너리에 저장된 정보를 리스트에 최종 저장한 후 회원정보를 출력한다.

학번을 0을 입력하면 프로그램은 종료된다.

예제 8-12	동아리 회원 정보 관리

```
n=0
club=[]

while True:
    num=int(input('학번:'))
    if num==0:break
    name=input('이름:')
    dept=input('학과:')
    phone=input('연락처:')
    addr={'학번':num,'이름':name,'학과':dept,'연락처':phone}
    club.append(addr)
    print('{} 학생 정보 저장'.format(n+1))
    print('{}'.format(club[n]))
    n += 1
```

실행결과

```
>>>
학번:100
이름:양숙희
학과:컴공과
연락처:010
1 학생 정보 저장
'학번': 100, '이름': '양숙희', '학과': '컴공과', '연락처': '010'
학번:200
이름:황채연
학과:디자인과
연락처:010
```

```
2 학생 정보 저장
'학번': 200, '이름': '황채연', '학과': '디자인과', '연락처': '010'
학번:300
이름:황나연
학과:무용과
연락처:010
3 학생 정보 저장
'학번': 300, '이름': '황나연', '학과': '무용과', '연락처': '010'
학번:0
```

8.5 선택문과 반복문 실습

실습 8-1

이번 학기 수강하는 과목의 점수를 입력 받아 리스트에 저장하고, '합격'과 '불합격'한 과목의
수를 각각 출력한다.

(합격 : 80점 이상)

```python
score=[]
p,f=0,0
cnt=int(input('수강 과목 수 : '))

for i in range(cnt):
    s=int(input('score %d : ' % (i+1)))
    score.append(s)

for i in range(cnt):
    if score[i]>=80:
        p += 1
    else:
        f += 1

print('pass : ', p)
print('fail : ', f)
```

```
수강 과목 수 : 5
score 1 : 100
score 2 : 70
score 3 : 60
score 4 : 80
score 5 : 90
pass :  3
fail :  2
```

실습 8-2

사용자로부터 시작과 끝 값을 입력 받은 후 3의 배수를 제외한 모든 숫자의 합계를 출력한다.

```
s=int(input('start num: '))
e=int(input('end num: '))

total=0

for i in range(s,e+1):
    if i % 3 != 0:
        total += i

print('3의 배수를 제외한 숫자의 합', total)
```

```
start num: 1
end num: 10
3의 배수를 제외한 숫자의 합 37
```

실습 8-3
사용자로부터 정수를 입력 받아 덧셈을 수행하려 한다. 사용자가 0을 입력할 때까지 모든 정수의 더한 결과를 출력한다.

```python
print('정수를 입력. 0 입력시 종료됨')
total=0
s=int(input('num : '))

while s!=0:
    total += s
    s=int(input('num : '))

print('총 합계 : ',total)
```

실행결과
```
정수를 입력. 0 입력시 종료됨
num : 100
num : 100
num : 100
num : 100
num : 0
총 합계 :  400
```

8.6 선택문과 반복문 도전문제

8장 도전 1-1

다음은 컴퓨터가 생성한 두 자리 정수 덧셈 문제에 대한 정답을 사용자로부터 입력 받아 '정답' 또는 '오답'을 출력하는 프로그램이다. 정답, 오답 시 아래와 같이 점수를 계산한다. 다음 프로그램의 실행결과를 보고 빈곳에 알맞은 답을 예측해보자.

```
import random

print('덧셈 게임')

_____
while True:
    s=input('시작:아무키나,종료:0 ')
    if s=='0':break
    n1=random. _____
    n2=random. _____
    print(' {} + {}  = '.format(n1,n2))
    ans=int(input('answer:'))
    if _____ :
        print('정답')
        score +=10
    else:
        print('오답')
        score -=5

print('score : ',score)
```

실행결과

```
덧셈 게임
시작:아무키나,종료:0
62 + 36 =
answer:98
정답
시작:아무키나,종료:0
51 + 22 =
answer:73
정답
```

```
시작:아무키나,종료:0
69 + 84 =
answer:144
오답
시작:아무키나,종료:0 0
score :   15
```

8장 도전 1-2

다음은 코딩 시험을 5회 응시한 점수를 입력 받아 리스트에 저장하고 총점과 평균을 출력하는 프로그램이다. 다음 프로그램의 실행결과를 보고 빈곳에 알맞은 답을 예측해보자.

```
score=[]
total=0
for i in range(5):
    s=int(input('score : '))

    _____

for i in score:

    _____

avg= _____

print('total :',total)
print('avg :',avg)
```

실행결과

```
>>>
score : 100
score : 100
score : 100
score : 100
score : 100
total : 500
avg : 100.0
```

8장 도전 1-3

다음은 특정 상품에 대한 가격 5개를 사용자에게 입력 받아 리스트에 저장한 후 리스트 요소에서 최저가격을 찾아서 출력하는 프로그램이다. 다음 프로그램의 실행결과를 보고 빈곳에 알맞은 답을 예측해보자. sort()함수는 사용하지 않는다. (상품의 가격은 10000 ~20000)

```
price=[]

for i in range(5):
    p=int(input('price : '))
    price.append(p)

m=price[0]

for i in range(1,5):




print('min :',m)
```

실행결과

```
price : 12000
price : 10000
price : 15000
price : 17000
price : 20000
min : 10000
```

8장 도전 2-1

스마트폰에서 친구를 등록하고, 친구 이름으로 검색한 후 연락처를 출력하는 프로그램을 작성하시오. 실행결과를 참고하여 문제를 해결하시오.

조건

1. 선택메뉴: 1) 친구등록 2) 검색 3) 종료

2. 딕셔너리 자료 구조 사용

3. 새로운 친구를 등록한다.

4. 찾는 친구가 있으면 연락처를 출력하고 없으면 에러 메시지를 출력한다.

실행결과

```
1) 친구 등록 2) 검색 3) 종료 : 1
name : 장은실
phone : 010-0000-0000
1) 친구 등록 2) 검색 3) 종료 : 1
name : 오경선
phone : 010-0000-0000
1) 친구 등록 2) 검색 3) 종료 : 2
name : 장은실
010-0000-0000
1) 친구 등록 2) 검색 3) 종료 : 2
name : 양숙희
not Found
1) 친구 등록 2) 검색 3) 종료 : 3
```

8장 도전 2-2

사용자로부터 암호를 입력 받아 인증 처리하는 프로그램을 작성하시오.

실행결과를 참고하여 문제를 해결하시오.

조건

1. 사용자로부터 암호를 입력받고 암호가 맞으면 '환영합니다.' 메시지를 출력하고 프로그램 종료한다.

2. 틀린 암호가 입력되면 "암호가 틀립니다." 메시지 출력하고 다시 입력받는다.

3. 사용자가 암호를 3번 잘못 입력하면 "접속을 거부합니다."라는 메시지 출력하고 프로그램 을 종료한다. (암호는 admin)

    - 변수명 : 암호(pw), 시도횟수(cnt)

실행결과

```
패스워드 입력 : aa
암호가 틀립니다.
패스워드 입력 : ad
암호가 틀립니다.
패스워드 입력 : admin
환영합니다.
프로그램 종료
```

실행결과

```
패스워드 입력 : a
암호가 틀립니다.
패스워드 입력 : ab
암호가 틀립니다.
패스워드 입력 : abc
암호가 틀립니다.
시도횟수초과
프로그램 종료
```

다음은 행운의 로또 복권 추첨 프로그램의 일부분 이다. 로또 번호는 1~45숫자 중 총 6개의
숫자로 구성된다. 코드의 빈곳을 채우시오.

코드작성

```
import random

lotto=[]
print('로또 프로그램 시작')

while True:
```

```
print('추첨된 로또 번호')
lotto.sort()

for i in range(6):
    print('{} '.format(lotto[i]), end='')
```

실행결과

```
로또 프로그램 시작
추첨된 로또 번호
5 10 18 29 37 45
```

9

함수
(Function)

- 함수를 정의할 수 있다.
- 함수의 필요성을 설명할 수 있다.
- 함수를 이용한 파이썬 프로그램을 만들 수 있다.

9.1 함수란?

프로그래밍과 관련하여 함수는 특정한 작업을 위해 서로 관련되어 있는 일련의 명령문이다. 함수를 정의할 때 이름을 지정하고, 그 함수가 수행할 일을 위해 순서대로 명령문을 작성한다. 우리는 프로그래밍을 하면서 함수의 이름으로 함수를 호출할 수 있다. 이러한 함수는 새로운 개념이 아니다. 이미 우리는 많은 함수를 사용해 파이썬 코드를 작성했다. 표준출력함수 print(), 표준입력함수 input(), 데이터타입을 확인하는 type()함수, 길이를 반환해주는 len()함수, 리스트나 특정변수를 삭제하는 del()함수, 데이터 구조를 초기에 생성할 때 사용하는 list()함수, 범위를 지정하는 range()함수 등을 사용해 왔다. 이중에서 type을 살펴보자.

```
>>> type(32)
<class 'int'>
```

위에서 살펴본 함수의 이름은 type이다. 괄호 안의 값을 함수의 인수라고 한다. 인수는 함수에 대한 입력으로 함수에 전달하는 값 또는 변수이다. type함수의 결과는 인수의 자료형타입이라는 것을 알 수 있다. 이처럼 함수가 인수를 취하고, 결과를 반환한다고 말하는 것이 일반적이다. 여기서 결과를 반환값(return value)라고 부른다.

함수를 사용하는 이유는 무엇일까? 함수를 사용하는 이유는 다음과 같다. 첫째, 프로그램에서 좋은 코드란 중복성이 없는 코드를 말한다. 중복된 코드는 여러 번 사용한다는 것을 의미하기도 한다. 이 때, 중복된 코드를 별도로 분류하여 함수로 만들게 되면 코드의 양을 줄일 수 있고, 이로 인해서 가독성이 좋아진다. 둘째, 간결해진 코드는 전체의 기능을 이해하기에 수월하다. 셋째, 프로그램의 흐름을 파악하기 쉽기 때문에 관리하기 쉽다. 넷째, 중요한 기능만 함수로 정의해두면 이를 필요로 하는 프로그램이나 다른 프로그래머에게 재사용이 가능하여 매우 효율적으로 사용할 수 있다.

함수는 내장 함수와 사용자 정의함수 두 가지로 나눌 수 있다. print()함수는 변수나 상수를 출력하는 일을 한다. 그러나 우리는 print함수가 어떤 코드로 구성되어 있는지 정의한 적이 없다. 이처럼 프로그램에 이미 지정된 함수를 내장 함수라고 한다. 사용자 정의 함수는 사용자가 필요에 의해서 직접 정의하는 함수를 말한다.

9.2 내장함수

파이썬은 함수 정의를 할 필요없이 사용할 수 있는 여러 가지 중요한 내장 함수를 제공한다. 내장함수란, 일반적인 문제를 해결하기위해 필요한 함수를 작성하여 우리가 사용할 수 있도록 파이썬에 포함시켜 제공하는 함수를 말한다.

내장 함수 중 max(), min() 함수는 리스트에서 가장 큰 값과 가장 작은 값을 제공한다.

```
>>> max('Hello world')
'w'
>>> min('Hello world')
' '
>>>
```

max함수를 사용하면 문자열에서 가장 큰 문자가 무엇인지 알 수 있고, min함수를 사용하여 문자열에서 가장 작은 값을 알 수 있다. 또 다른 내장함수 len()은 문자열 또는 리스트에서 몇 개의 항목이 존재하는지 알려 준다.

```
>>> len('Hello world')
11
>>>
```

내장 함수의 이름을 우리는 예약어로 취급해야한다. 가령 max를 변수의 이름이나 또 다른 함수의 이름으로 사용하는 것을 피해야한다.

(1) 타입 변환 함수

하나의 자료형타입에서 다른 타입으로 값을 변경해 주는 내장 함수가 있다.

int(), flot(), str()이 그 예이다.

① int()

```
>>> int('32')
32
>>> int('Hello')
ValueError: invalid literal for int() with base 10: 'Hello'
```

int()함수의 경우 인수로 전달된 값을 정수로 변환하거나 불가능할 경우는 오류를 발생한다.

```
>>> int(3.666)
3
>>> int(-3.3)
-3
```

위의 예에서 볼 수 있듯이 int()함수는 부동소수점 값을 정수로 변환 할 수는 있지만 반올림하지는 않는다.

② float

```
>>> float(32)
32.0
>>> float('3.14159')
3.14159
```

float()함수는 정수와 문자열을 부동소수점 숫자로 변환하다.

③ str()

```
>>> str(32)
'32'
>>> str(3.14159)
'3.14159'
```

위의 예에서 볼 수 있듯이 str()함수는 인수를 문자열로 변환해 준다.

(2) 수함 함수

파이썬에서는 수학함수를 제공하는 수학모듈이 있다. 수학모듈을 사용하려면 가장 먼저 관련 모듈을 가지고 온다.

```
>>> import math
```

모듈객체는 모듈에 정의된 기능과 변수를 포함한다. 함수 중 하나에 접근하려면 모듈 이름과 함수이름을 마침표(.)로 구분하여 지정한다.

```
>>> r = 45
>>> radians = r*r * math.pi
```

math.pis는 math 모듈에서 변수 pi를 가져온다. 이 변수의 값은 소수점 이하 약 15 자리까지 정확한 π의 근사 값이다.

(3) Random Numbers

랜덤 모듈은 난수를 생성하는 함수를 제공한다. 랜덤 함수는 0.0과 1.0 사이의 임의의 부동 소수점을 반환한다. (0.0은 포함하지만 1.0은 포함하지 않음) 다음 예를 실행해 보자.

```
import random

for i in range(10):
  x = random.random()
  print(x)
```

이 프로그램의 실행결과는 다음과 같다.

```
0.11132867921152356
0.5950949227890241
0.04820265884996877
0.841003109276478
0.997914947094958
0.04842330803368111
0.7416295948208405
0.510535245390327
0.27447040171978143
0.028511805472785867
```

부동소수점이 아니라 정수로 랜덤한 수가 반환되려면 randint를 사용해야한다.

```
>>> random.randint(5, 10)
5
>>> random.randint(5, 10)
9
```

randint 함수는 매개 변수를 low와 high로 가져오고 low와 high 사이의 정수를 반환
한다 (둘 다 포함). 또한 리스트에서 요소를 무작위로 선택하려면 choice를 사용한다.

```
>>> t = [1, 2, 3]
>>> random.choice(t)
2
>>> random.choice(t)
3
```

이외에도 random모듈은 연속분포에서 랜덤 값을 생성하는 기능도 제공한다.

9.3 사용자 정의 함수

사용자 정의 함수에 대해서 알아보자. 파이썬에서 함수를 선언하는 것은 무척 단순하다. 함수를 직접 만들기 위해서는 def라는 예약어를 사용한다. def는 '정의하다'라는 뜻으로 영어 단어 'define'의 앞 글자에서 딴 것이다.

함수 이름을 작성할 때에도 변수에서 이름을 정의했던 것과 같이 규칙을 따라야 한다.

* 알파벳, 숫자, 언더바(_)만 사용 가능
* 함수의 첫글자는 반드시 알파벳 또는 언더바만 사용가능
* 공백 사용 불가
* 예약어(print, de 등) 사용 불가

직관적으로 이해가 가능한 단어로 함수 명을 정의하는 것이 중요하다. 함수의 기능을 설명하는 동사 또는 명사+동사를 사용하면 좀 더 이해하기 쉽다.

함수 이름 뒤에는 빈 괄호를 넣거나, 괄호 안에 인수를 입력받는 함수로 작성할 수 있다. 이때, **인수(argument)**는 호출된 함수에 전달할 값이다. **매개 변수(parameter)**는 호출된 함수에서 전달 받은 값을 임시로 할당하는 변수이다. 매개변수로부터 처리된 작업의 결과는 **반환 값(return value)**이고, 호출한 함수로 값이 반환된다. 인수, 매개변수, 반환 값은 항상 존재해야 하는 것은 아니다.

함수의 기본 구조는 다음과 같다.

함수의 기본 구조-1

```
def 함수이름(매개변수1, 매개변수2) :
  문장1
  ...
  return 결과값
```

함수 정의의 첫 번째 줄을 'header'라고하고, 나머지부분은 'body'라고 한다. 'header' 는 콜론(:)으로 끝나야하며, body부분은 들여쓰기를 해야 한다. 일반적으로 들여쓰기 는 4칸 공백이다. body부분에는 여러 명령문이 포함될 수 있다.

```
>>> def print_lyrics():
    print("I'm okay.")
    print('I sleep all night')
```

사용자 정의함수를 호출하는 방법은 내장함수를 호출하는 방법과 동일하다.

```
>>> print_lyrics()
I'm okay.
I sleep all night
```

또 다른 예로 반지름을 입력받아 원기둥의 부피를 구하는 함수를 정의한 것이다.

```
def cylinder_volume(height, radius=5):
  pi = 3.14159
  return height * pi * radius ** 2
```

다음과 같이 우리는 함수를 호출할 수 있다.

```
cylinder_volume(10, 3)
```

두 개의 수를 입력받아 큰 수를 결정하는 함수를 만들어보자.

두 개의 수를 입력받아 큰 수 결정하는 함수의 예

```
def max1(num1,num2):
  if num1>num2:
      return num1
  else:
    return num2
a=int(input('1st:'))
b=int(input('2st:'))
print(max1(a,b))
```

제일 먼저, 함수명이 max1()인 함수를 정의한다. 함수의 body부분에서는 num1〉 num2이면 num1을 반환하도록 작성한다. 만약 앞의 조건을 만족하지 않으면 num2를 반환하도록 한다. 주 프로그램에서 a, b에 수를 입력받아 저장한다. 이후, max1함수를 호출할 때 a, b를 인수로 전달하고, 결과 값을 출력하도록 한다.

또 다른 예로, 사용자에게 0부터 100사이의 하나의 수를 입력받아 3,6,9가 들어있으면 "crap"를 출력하고 그렇지 않으면 "next number"로 출력하는 함수를 만들어보자.

십의 자리에 3,6,9가 들어있는지 알기 위해 산술연산자 '//'를 이용한다. 일의 자리에 3,6,9가 들어있는지 알기 위해 산술연산자 '%'를 이용한다. 만약 십의 자리에 3,6,9가 하나라도 들어가 있다면 "crap"를 출력한다. 그렇지 않고 일의 자리에 3,6,9가 하나라도 들어가 있다면 "crap"를 출력한다. 모든 조건을 만족하지 않으면 "next number"를 출력한다.

함수를 활용한 3,6,9 게임의 예

```python
def game(num):
    a=num//10
    b=num%10
    if a==3 or a==6 or a==9:
        return 'crap'
    elif b==3 or b==6 or b==9:
        return 'crap'
    else:
        return 'next number'
a=int(input('number:'))
print(game(num))
```

9.4 함수의 실습

실습 9-1

다음 파이썬 코드의 결과를 예측해 보자

```python
x = 5
print('Hello')

def print_lyrics():
    print("I'm a lumberjack, and I'm okay.")
    print('I sleep all night and I work all day.')

print('Yo')
x = x + 2
print(x)
```

실행결과

```
>>>
```

실습 9-2

다음 파이썬 코드의 결과를 예측해 보자

```
x = 5
print('Hello')

def print_lyrics():
 print("I'm a lumberjack, and I'm okay.")
 print('I sleep all night and I work all day.')

print('Yo')
print_lyrics()
x = x + 2
print(x)
```

실행결과

>>>

실습 9-3

다음 파이썬 코드에서 인수와 매개변수가 무엇인지 나열하시오.

```
def max1(num1,num2):
        if num1>num2:
                print(num1)
        elif num1<num2:
                print(num2)
        else:
                print('두수가 같습니다')
a=int(input('첫 번째 수 입력:'))
b=int(input('두 번째 수 입력:'))
max1(a,b)
```

인수

매개변수

실습 9-4

다음 파이썬 코드의 결과를 예측해 보자

```python
def fred():
  print('Zap')
def jane():
  print('ABC')
jane()
fred()
jane()
```

실행결과

9.5 함수의 도전문제

9장 도전1-1

다음 파이썬 코드의 빈 칸에 알맞은 매개변수를 채우시오.

```python
def greet(              ):
  if lang == 1:
      print('Hola')
  elif lang == 2:
      print('Bonjour')
  elif lang == 3
      print('안녕?')
  else:
      print('지원하지 않습니다')

h=int(input('언어를 선택하세요(1:EN/2:FR/3:KR)'))
greet(h)
```

빈칸

9장 도전1-2

다음 파이썬 코드는 두 개의 문자열을 각 각 입력 받아 연결하는 반환값 없는 형태의 함수를 이용한 프로그램이다. 반환 값이 있는 형태로 수정하시오.

```
def concate(s1,s2):
  print(s1+s2)
str1=input("1'st 문장입력:")
str2=input("2'st 문장입력:")
concate(str1,str2)
```

반환값이 있는 형태로 수정

9장 도전 2-1

사이렌오더를 통해 음료를 미리 예약하는 프로그램을 만들고자 한다. 메뉴는 아메리카노, 카페라떼, 바닐라라떼가 있다. 가격은 아메리카노 2500원, 카페라떼 3000원, 바닐라라떼 3000원이다.

메뉴번호를 선택하면 해당메뉴와 가격을 출력해 주는 부분을 함수로 작성하자.

```
def price(menue):
```

```
menue=int(input('메뉴선택(1:아메리카노/2:카페라떼/3:바닐라라떼)'))
price(menue)
```

코드완성

9장 도전 2-2

점수를 입력하면 학점을 출력하는 프로그램을 작성하고자 한다. 입력점수는 인수로 전달되어 학점이 결과 값으로 반환되는 함수를 작성하시오. 이때, 점수로 문자를 입력하거나 점수 범위가 아닌 경우는 "bad score"로 출력된다.

[점수와 학점 기준 표]
```
Score   Grade
>= 0.9  A
>= 0.8  B
>= 0.7  C
>= 0.6  D
< 0.6   F
```

[실행 결과]
```
>>>Enter score: 0.95
A
>>>Enter score: perfect
Bad score
>>>Enter score: 10.0
Bad score
```

코드작성

지금까지 대표적인 입력 함수 input() 함수를 통해 사용자로부터 입력 받고 출력 함수 print() 함수를 통해 화면에 글자를 출력해왔다. 즉 사용자로부터 데이터를 입력 받아 변수에 저장하고 처리할 결과 값을 화면에 출력해왔다. 하지만 입 · 출력 데이터가 클 때는 변수에 데이터를 저장하는 것은 한계가 있으며 변수에 저장한 데이터가 프로그램 실행중일 때만 값을 보관하기 때문에 처리한 결과 값을 영구적으로 저장하고 불러오기 위해서는 보조기억장치(하드디스크,usb..) 공간에 파일로 저장해야 한다. 10장에서는 보조기억장치로부터 파일을 읽고 쓰는 다양한 방법들을 살펴본다.

10.1 파일 입·출력의 기본

(1) 파일의 개념

실행중인 프로그램이 종료되면 처리한 결과 값은 메모리에서 사라지기 때문에 모든 데이터는 더 이상 사용할 수가 없다. 따라서 프로그램을 실행하는 도중에 데이터를 영구적으로 저장하고 싶다면 보조기억장치(하드디스크)에 파일 형태로 저장해야 한다.

파일에는 다음과 같이 2가지 종류가 있다.

- 텍스트 파일(text file)
- 이진 파일(binary file)

텍스트 파일은 사람이 읽을 수 있는 텍스트가 들어있는 파일의 형태로 텍스트 파일은 연속적인 줄로 구성되며 각 줄의 끝을 알리는 줄바꿈 문자('\n')로 종료된다. 메모장으로 작성한 파일이 가장 대표적인 텍스트 파일의 예이다.

이진 파일은 컴퓨터가 읽을 수 있는 파일로 이진(0과 1) 데이터가 직접 저장 되어 있는 파일이다. 사운드 파일이나 이미지 파일 등이 가장 대표적인 이진 파일의 예이다.

(2) 파일 입·출력 기본 과정

파일에 저장된 데이터를 읽고 처리하는 방법은 제일 먼저 사용하려는 파일을 open()함수를 통해 열어야 한다. 파일이 열리면 파일에 있는 데이터를 읽거나 쓸 수 있다. 그리고 파일과 관련된 작업이 모두 종료되면 파일을 close()함수를 통해 닫아주는 것이 좋다. 왜냐하면 쓰기모드로 열었던 파일을 닫지 않고 다시 사용하려고 하면 오류가 발생하기 때문이다. 파이썬에서 파일을 처리하는 프로세스는 아래 그림과 같다.

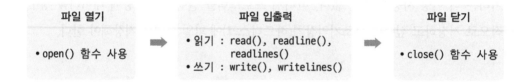

10.2 텍스트 파일 읽고 쓰기

(1) 파일 열기

현재 디렉토리(파이썬 파일이 저장된 위치)에 있는 파일을 연다. 파일을 생성하기 위해 파이썬 내장 함수 open()를 사용한다. open() 함수는 다음과 같이 "파일 이름"과 "파일 열기 모드"를 입력값으로 받고 결과값으로 파일 객체를 반환한다.

```
파일 객체= open(파일명, 파일열기모드)
읽기 : 변수명 = open('파일명', 'r')
쓰기 : 변수명 = open('파일명', 'w')
```

표 10.1 **파일열기 모드**

종류	설명
r	읽기모드(read), 기본값
w	쓰기모드(write)
a	추가모드(append)

파일 읽기(r)모드는 파일을 읽기만 할 때 사용가능하며 생략가능하다. 파일을 쓰기 모드(w)로 열게 되면 해당 파일이 이미 존재할 경우 원래 있던 내용은 모두 사라지고, 해당 파일이 존재하지 않으면 새로운 파일이 현재 디렉토리에 생성된다. 파일을 추가 모드(a)로 열게 되면 기존 파일 뒤에 내용을 추가한다.

(2) 텍스트 파일 읽기

파이썬에서 외부의 파일을 읽어서 프로그램에서 사용할 수 있는 방법은 여러 가지 방법이 있다. 데이터 읽기를 실행하려면 텍스트 파일이 필요하다. 다음과 같이 현재 디렉토리에 메모장을 이용하여 'name.txt' 파일을 생성하여 여러 가지로 방법으로 파일 내용을 읽어서 출력해보자.

예제 10-1	파일 읽기 : read() 함수

```
f=open('name.txt')
data=f.read()
print(data)
f.close()
```

실행결과

```
>>>
홍길동
홍이동
홍삼동
```

read() 함수는 파일의 전체 내용을 문자열로 반환한다.

예제 10-2	파일 읽기 : readline() 함수

```
f=open('name.txt')
data=f.readline()
print(data)
f.close()
```

실행결과

```
>>>
홍길동
```

readline() 함수는 파일의 내용을 한 줄씩 읽어서 문자열로 반환한다. 만약에 텍스트 파일에 3줄이 저장되어 있다면 readline()함수를 3번 호출하여 화면에 출력해야 한다. 하지만 보통의 경우 파일에 몇 줄이 들어있는지는 미리 파악할 수가 없기 때문에 모든 줄을 읽어서 화면에 출력하고 싶다면 다음과 같은 방법이 좋다.

<table>
<tr><td>예제 10-3</td><td>파일 읽기 : readline() 함수</td></tr>
</table>

```
f=open('name.txt')
while True:
    data=f.readline()
    if not data:break
    print(data,end='')
f.close()
```

실행결과

```
>>>
홍길동
홍이동
홍삼동
```

만약에 더 이상 읽을 줄이 없다면 break문을 수행한다. print(data,end='')문을 사용한 이유는 기본적으로 텍스트 파일의 줄 끝에는 개행 문자('\n')를 포함하기 때문에 print() 함수의 end 인자를 사용하여 출력화면을 변경시킬 수 있다.

<table>
<tr><td>예제 10-4</td><td>파일 읽기 : readlines() 함수</td></tr>
</table>

```
f=open('name.txt')
data=f.readlines()
print(data,end='')
f.close()
```

실행결과

```
>>>
['홍길동', '홍이동', '홍삼동']
```

readline() 함수는 한 줄 씩 읽지만, readlines() 함수는 파일의 모든 줄을 읽어서 리스트로 반환한다. 만약에 한 줄 씩 출력하고 싶다면 아래와 같이 수정하면 된다.

| 예제 10-5 | 파일 읽기 : readlines() 함수 |

```python
f=open('name.txt')
data=f.readlines()
for line in data:
    print(line,end='')
f.close()
```

실행결과

```
>>>
홍길동
홍이동
홍삼동
```

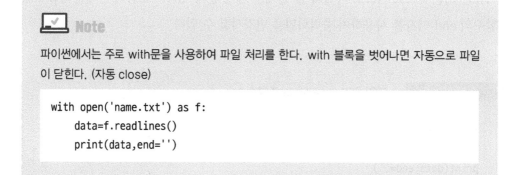

Note

파이썬에서는 주로 with문을 사용하여 파일 처리를 한다. with 블록을 벗어나면 자동으로 파일이 닫힌다. (자동 close)

```python
with open('name.txt') as f:
    data=f.readlines()
    print(data,end='')
```

(3) 텍스트 파일 쓰기

프로그램에서 처리한 결과 값을 파일에 저장하기 위해서는 open()함수로 파일을 쓰기 모드('w')로 생성한 후 다양한 함수(write(), writelines())를 이용한다.

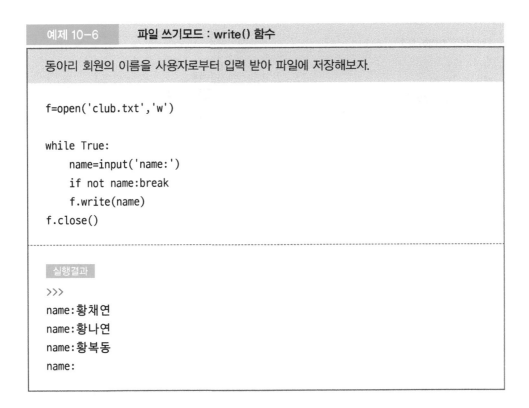

예제 10-6   **파일 쓰기모드 : write() 함수**

동아리 회원의 이름을 사용자로부터 입력 받아 파일에 저장해보자.

```
f=open('club.txt','w')

while True:
    name=input('name:')
    if not name:break
    f.write(name)
f.close()
```

실행결과

```
>>>
name:황채연
name:황나연
name:황복동
name:
```

프로그램을 실행시킨 후 현재 디렉토리를 살펴보면 'club.txt' 파일이 생성되었음을 확인하고 파일을 열어 입력 받은 내용이 저장되었는지를 확인해보자.

club.txt

예제10-6.py

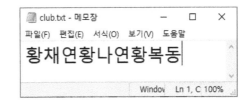

write()함수는 자동 개행 기능이 포함되어 있지 않기 때문에 파일에 줄 단위로 저장하고 싶다면 다음과 같이 개행 문자를 포함시켜주면 된다.

파일 쓰기 모드('w')로 파일을 열 때는 기존 파일이 있을 경우 그 파일의 내용이 모두 사라진다. 기존 파일 내용을 유지하면서 단지 새로운 값을 추가해하는 경우에는 파일을 추가모드('a')로 생성하면 된다.

예제 10-7	파일 추가모드 : write() 함수

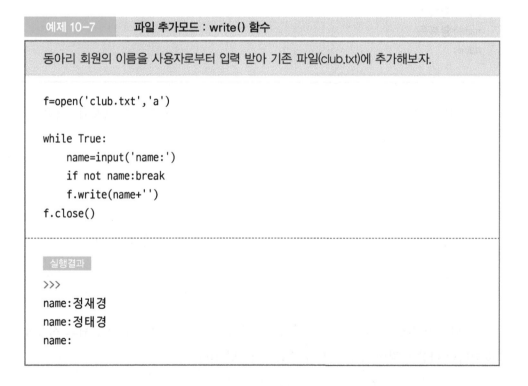

프로그램을 실행시킨 후 'club.txt' 파일이 생성되었음을 확인하고 파일을 열어 입력 받은 내용이 파일 맨 뒤에 추가 되어 저장되었는지를 확인해보자.

club.txt   예제10-7.py

10.3 파일 오류 처리

파일을 open()함수로 열려고 할 때 만약에 파일이 없다면 오류가 발생한다. 이처럼 파일이 없을 때 오류가 발생하지 않게 하려면 os.path.exists(파일명), os.path.isfile(파일명) 형식을 사용하거나 예외처리 구문(try~except)을 사용하면 된다. 예외 처리란 프로그램 실행 도중 예상치 못한 오류 등의 예외 상황을 만났을 때 안전하게 처리하는 방법을 말한다. 대표적인 경우 파일처리에서 파일을 열려고 할 때 현재 디렉토리에 파일이 없는 경우 아래와 같은 오류가 날 수 있다.

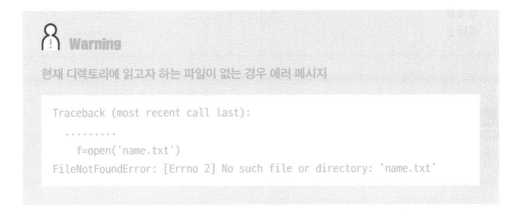

Warning

현재 디렉토리에 읽고자 하는 파일이 없는 경우 에러 메시지

```
Traceback (most recent call last):
  .........
    f=open('name.txt')
FileNotFoundError: [Errno 2] No such file or directory: 'name.txt'
```

예제 10-8	파일 오류 처리 : os.path.exists() 사용

사용자로부터 읽고자 하는 파일명을 입력 받아 파일이 존재할 경우 파일을 모든 내용을 읽어서 화면에 출력하고 파일이 존재하지 않다면 오류메시지를 출력한다.

```python
import os.path

fname=input('file name :')
fname=fname+'.txt'
if os.path.exists(fname): # os.path.isfile(fname)
    f=open(fname,'r')
    data=f.read()
    print(data,end='')
    f.close()
else:
    print(' 파일이 없습니다.'.format(fname))
```

실행결과
```
>>>
file name :club
황채연
황나연
황복동
정재경
정태경
```

실행결과
```
>>>
file name :aa
aa.txt 파일이 없습니다.
```

예제 10-9	파일 오류 처리 : try ~ except 사용

파일이 존재할 경우 파일을 모든 내용을 읽어서 화면에 출력하고 파일이 존재하지 않다면 오류메시지를 출력한다.

```python
fname=input('file name :')
fname=fname+'.txt'
try:
    f=open(fname)
    data=f.read()
```

```
    print(data,end='')
    f.close()
except:
    print(' 파일이 없습니다.'.format(fname))
```

```
>>>
file name :name
홍길동
홍이동
홍삼동
```

```
>>>
file name :aa
aa.txt 파일이 없습니다.
```

Note

프로그래밍을 하다보면 필연적으로 오류(또는 에러)와 만나게 된다. 예상할 수 있는 오류는 쉽게 if문을 통해서 제어를 할 수 있지만 갑자기 뜬금없이 나타나는 오류(Error)를 잡기에는 역부족이다. 그래서 파이썬에서는 예외처리(Exception Handling)를 제공하는데 확실한 오류는 물론이고, 예상 못한 오류까지 잡기에는 예외처리가 제격이다. 예외(Exception)이라는 말이 조금 어렵게 느껴진다면 파이썬에서는 그냥 쉽게 오류, 에러라고 생각하면 된다.

파이썬 예외처리 코드 기본구조

```
try:
    (예외가 일어날 것 같은 코드, 즉 위험한 코드)
except:
    (예외가 있을 때 실행될 코드)
else:
    (예외가 없을 때 실행될 코드)
finally:
    (예외와 상관없이 무조건 실행될 코드)
```

10.4 파일 입·출력 실습

실습 10-1

텍스트 파일의 내용을 모두 읽어 화면에 출력해보자.

[읽을 파일명 : data1.txt]

```
data1.txt - 메모장                    —   □   ×
파일(F)  편집(E)  서식(O)  보기(V)  도움말
Life is too short.
So, you need Python.
Python is easy,
and useful on many fields.

                      Windows   Ln 7, Col   100%
```

소스코드

```python
f=open('data1.txt')
lines=f.read()
print(lines)
f.close()
# with 구문 동일한 결과
'''
with open('data1.txt') as f:
    lines=f.read()
    print(lines)
'''
```

실행결과

```
Life is too short.
So, you need Python.
Python is easy,
and useful on many fields.
```

실습 10-2

우리 과 졸업 전시회에 참석한 학생들의 이름을 입력 받아 'welcome'를 출력하고 참석한 명단을 guest.txt 파일에 저장한다. 그리고 guest.txt 파일을 읽어서 전시회에 참석한 학생의 총 인원수를 출력하시오.

```python
f=open('guest.txt','w')
while True:
    name=input('name : ')
    if not name:break
    print('{} welecome!'.format(name))
    f.write(name+'')
f.close()


f=open('guest.txt')
lines=f.readlines()
cnt=len(lines)
print('total count : {}'.format(cnt))
```

실행결과

```
name : 정명식
정명식 welecome!!
name : 최봉수
최봉수 welecome!!
name : 김진영
김진영 welecome!!
name : 김진호
김진호 welecome!!
name :
total count : 4
```

실습 10-3

텍스트 파일(data2.txt)에 이번 학기 점수가 저장되어 있다고 가정하자. 텍스트 파일의 점수를
모두 읽어서 합계와 평균을 구한 후 화면에 출력해보자.

[읽을 파일명 : data2.txt]

소스코드

```
f=open('data2.txt')
lines=f.readlines()

hap=0

for line in lines:
    line=line.rstrip() # 개행문자제거
    score=int(line)
    hap += score

avg=hap/len(lines)

print('합계:%d' % hap)
print('평균:%5.2f' % avg)

f.close()
```

실행결과

```
합계:450
평균:90.00
```

Note

파이썬에서는 strip()을 사용하여 공백을 제거할 수 있다. 문자열의 앞과 뒤에 있는 스페이스, 탭 문자, 줄 바꿈(\r 또는 \n)을 삭제할 수 있다. lstrip() 함수는 문자열의 왼쪽만 삭제하고 rstrip() 함수는 문자열의 오른쪽만 삭제한다. 텍스트파일의 개행문자는 줄 끝에 위치하므로 rstrip()함수를 많이 사용해서 개행 문자를 제거한다.

실습 10-4

텍스트 파일(data3.txt)에 신조어가 저장되어 있다고 가정하고 신조어 단어를 분리하여 화면에 출력해보자.

[읽을 파일명 : data3.txt]

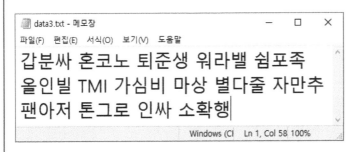

소스코드

```python
f=open('data3.txt')
for line in f:
    line=line.rstrip()
    word=line.split()
    for w in word:
        print(w)

f.close()
```

```
실행결과
갑분싸
혼코노
퇴준생
워라밸
쉼포족
올인빌
TMI
가심비
마상
별다줄
자만추
팬아저
톤그로
인싸
소확행
```

 Note

split() 함수는 기본적으로 스페이스, 새로운 라인, tab 등으로 분리하여 값을 리스트 형태로 반환해준다.

실습 10-5

MT 장소를 선정하기 위한 프로그램이다. 아래와 같이 사용자로부터 MT장소를 입력 받아 딕셔너리 자료구조에 저장한 후 투표 결과 값을 화면에 출력해보자.

```python
vote={'가평':0,'대성리':0,'남이섬':0,'청평':0}
print(vote)

print('Best MT Spot')
while True:
    area=input('area:')
    if not area:break
    vote[area]=vote[area]+1 # 키값 증가

print(vote)
```

```
실행결과
{'가평': 0, '대성리': 0, '남이섬': 0, '청평': 0}
Best MT Spot
area:가평
area:대성리
area:남이섬
area:남이섬
area:
{'가평': 1, '대성리': 1, '남이섬': 2, '청평': 0}
```

10.5 파일처리 입출력 도전문제

10장 도전 1-1

실습 10-3 문제에서 텍스트 파일(data2.txt)의 점수를 모두 읽어서 합계와 평균을 구한 후 파일(output1.txt)에 저장하는 프로그램이다. 다음 프로그램의 실행결과를 보고 빈곳에 알맞은 답을 예측해보자.

```
소스코드
fin=open('data2.txt')
fout=_____
lines=fin.readlines()

hap=0

for line in lines:
    line=line.rstrip()
    score=int(line)
    hap += score

avg=hap/len(lines)

┌─────────────────────────────┐
│                             │
│                             │
│                             │
└─────────────────────────────┘
```

```
fin.close()
fout.close()
```

실행결과

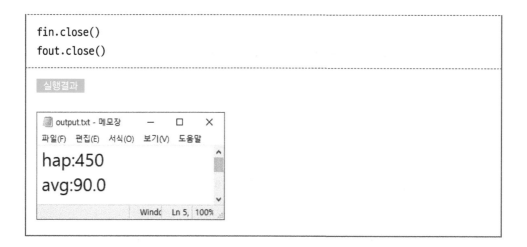

10장 도전 1-2

본인이 알고 있는 신조어 3개를 입력 받아 실습 10-4에서 사용했던 파일(data3.txt)에 추가한 후 파일에 저장된 총 단어의 개수를 출력하는 프로그램을 만들어 보자. (단 프로그램을 다시 실행하더라도 기존에 작성한 내용을 유지하고 새로 입력한 내용을 추가해야 한다.)

```
f=open('data3.txt',_____)
for i in range(3):
    w=input('word:')

    _____
f.close()
f=open('data3.txt')
cnt=0
for line in f:
    line=line.rstrip()
    word=line.split()
    for w in word:

        _____
        print(w,end=' ')
print()
print('total word :', cnt)
f.close()
```

실행결과

```
>>>
word:세젤예
word:띵언
word:아싸
갑분싸 혼코노 퇴준생 워라밸 쉼포족 올인빌 TMI 가심비 마상 별다줄 자만추 팬아저
톤그로 인싸 소확행 세젤예 띵언 아싸
total word : 18
```

10장 도전 1-3

파일에 이름, 중간고사, 기말고사 점수가 한 라인에 존재한다고 가정했을 때, 실행결과를 참고
하여 학생의 이름, 합계, 평균이 출력되도록 빈곳에 알맞은 코드를 채우시오.

[읽을 파일명 : score1.txt]

소스코드

```
f=open('score1.txt')
print('이름, 합계, 평균')
for line in f:
    name,mid,final=line.split()

    hap=_____
    avg=hap/2
    print(name,hap,avg)
f.close()
```

이름, 합계, 평균
김가현 180 90.0
김혜현 180 90.0
최재원 180 90.0
최지윤 175 87.5
김연수 190 95.0
김연우 200 100.0

 Note

파일내용의 항목은 띄워쓰기를 이용하여 저장하였기 때문에 name,mid,final=line.split()함수
를 사용하여 쉽게 값을 구할 수 있다. split() 함수는 기본적으로 스페이스, tab 등으로 분리하여
값을 리턴해준다. 파이썬은 모두 문자열을 기본으로 사용하기 때문에 int() 함수를 사용하여 문자
열을 정수로 변환해주어야 한다.

10장 도전 1-4

실습 10-5를 확장하여 사용자로부터 MT장소를 입력 받아 딕셔너리 자료구조에 저장한 후 투
표 결과 값을 화면에 출력하고 파일(vote.txt)에 저장해보자.

```
vote={'가평':0,'대성리':0,'남이섬':0,'청평':0}
print(vote)

print('Best MT Spot')
while True:
    area=input('area:')
    if not area:break
    vote[area]=vote[area]+1

print(vote)
f=open('vote.txt','w')



f.close()
```

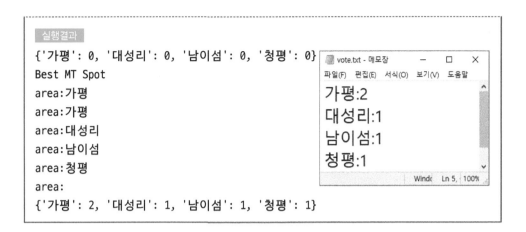

실행결과

```
{'가평': 0, '대성리': 0, '남이섬': 0, '청평': 0}
Best MT Spot
area:가평
area:가평
area:대성리
area:남이섬
area:청평
area:
{'가평': 2, '대성리': 1, '남이섬': 1, '청평': 1}
```

vote.txt - 메모장
파일(F) 편집(E) 서식(O) 보기(V) 도움말
가평:2
대성리:1
남이섬:1
청평:1
Wind Ln 5, 100%

10장 도전 2-1

성적파일(score2.txt)에 학생이름과 성적이 저장되었을 때 성적파일을 읽어서 학생의 이름과 성적에 대한 학점을 계산하여 화면에 출력해보자.

[읽을 파일명 : score2.txt]

score2.txt - 메모장
파일(F) 편집(E) 서식(O) 보기(V) 도움말
김가현 95
김혜현 85
최재원 90
최지윤 95
김연수 100
김연우 90
Wind Ln 7, 100%

조건

성적이 90점 이상이면, A
성적이 80점 이상이면, B
성적이 70점 이상이면, C
성적이 60점 이상이면, D
성적이 60점 미만이면, F

코드작성

실행결과

이름, 평균, 학점
김가현 95   A
김혜현 85   B
최재원 90   A
최지윤 95   A
김연수 100   A
김연우 90   A

10장 도전 2-2

파일(weather.txt)에는 다음과 같은 형태로 상반기 기온에 대한 월, 월 최저기온과 월 최고기온
이 저장되어 있다. 파일내용을 읽어서 월의 평균기온(최저기온과 최고기온)을 계산한 후에 실
행화면과 같이 출력해보자.

[읽을 파일명 : weather.txt]

코드작성

실행결과

1월 평균기온은 5.5입니다.
2월 평균기온은 10.5입니다.
3월 평균기온은 22.5입니다.
4월 평균기온은 23.75입니다.
5월 평균기온은 24.2입니다.
6월 평균기온은 26.0입니다.

11

종합
프로젝트
실습

■ 주어진 문제를 해결하는데 필요한 파이썬 프로그램을 작성할 수 있다.

11.1 미니 자판기 프로그램

일상생활에서 자주 사용하는 자판기 프로그램을 만들어 보자.

11.1 종합 프로젝트 실습 1-1) 요구사항

- 사용자로부터 금액을 입력 받아 음료를 반환하고 잔액을 반환한다.
- 금액이 충분하면 음료와 잔액을 반환하고 그렇지 않으면 에러 메시지를 출력한다.
- 리스트를 사용하여 자판기 판매메뉴와 가격을 설정한다.
- 반복문을 사용하여 자판기 판매메뉴와 가격을 출력한다.
- 무한반복문을 사용하여 메뉴선택, 음료반환, 잔액을 표시한다.
- 0번 메뉴 선택 시 프로그램을 종료한다.

11.1 종합 프로젝트 실습 1-1) 미니 자판기 프로그램

```
1    menu=['콜라','사이다','환타','커피','생수']
2    price=[500,500,600,600,400]
3
4    print('** 자판기 판매 메뉴 **')
5    for i in range(5):
6        print('{} : {} {}'.format(i+1,menu[i],price[i]))
7
8    print()
9
10   money=int(input('돈을 투입하세요 : '))
11   print()
12
13   while True:
14       num=int(input('메뉴 선택 (종료:0) : '))
15       if num==0:
16           break
17       if money <price[num-1]:
18           print('잔액부족')
19       else:
20           print(menu[num-1],'구입완료')
21           money=money-price[num-1]
22
```

```
23          print('잔액: ', money)
24          print()
25
26      print('자판기 종료, 잔액 {} 반환'.foramt(money))
```

실행결과

```
>>>
** 자판기 판매 메뉴 **
1 : 콜라 500
2 : 사이다 500
3 : 환타 600
4 : 커피 600
5 : 생수 400

돈을 투입하세요 : 1000

메뉴 선택 (종료:0) : 1
콜라 구입완료
잔액:  500

메뉴 선택 (종료:0) : 5
생수 구입완료
잔액:  100

메뉴 선택 (종료:0) : 1
잔액부족
잔액:  100

메뉴 선택 (종료:0) : 0
자판기 종료, 잔액 100 반환
```

11.1 종합 프로젝트 실습 1-1) 소스코드 설명

- 1~2행: 메뉴와 가격을 리스트에 초기화한다.
- 4~6행: 자판기에 저장된 메뉴와 가격을 해당번호와 함께 출력한다.
- 10행: 자판기에 투입할 돈을 사용자로부터 입력받는다.

- 13행: 사용자가 잔액이 충분할 동안 메뉴를 선택할 수 있도록 무한 반복 구조를 사용한다.
- 14행: 사용자로부터 메뉴 선택번호 또는 프로그램 종료 번호를 입력 받는다.
- 15~16행: 만약, 사용자가 0을 입력 하면 프로그램을 종료된다.
- 17~21행 : 만약에 입력한 돈이 자판기 금액보다 작을 경우에는 '잔액부족' 에러 메시지를 출력한다. 입력한 돈이 충분할 경우 음료를 반환(화면에 출력)하고 '구입완료' 메시지를 출력하고 잔액을 계산한다.
- 23행: 현재 잔액을 출력한다.
- 26행: 자판기가 종료되고 최종 잔액을 출력한다.

위의 자판기 프로그램에서 최종 잔액을 동전으로 교환해주는 기능을 추가하여 빈 칸을 채워 프로그램을 완성하시오.

11.1 종합 프로젝트 실습 1-2) 추가 요구사항

- 최종 잔액을 동전으로 반환한다.
- 동전은 500원, 100원 단위 순서로 반환되며 그 이하 단위는 바꿀 수 없다.

11.1 종합 프로젝트 실습 1-2) 미니 자판기 프로그램

```
1     menu=['콜라','사이다','환타','커피','생수']
2     price=[500,500,600,600,400]
3
4     print('** 자판기 판매 메뉴 **')
5     for i in range(5):
6        ⋮
7     print()
8
9     money=int(input('돈을 투입하세요 : '))
10    print()
11    while True:
12       ⋮
13
```

```
14    c500 = _____
15    money = _____
16
17    c100 = _____
18    money = _____
19
20    print('자판기 종료')
21    print('coin500 : %d개 반환' % c500)
22    print('coin100 : %d개  반환' % c100)
23    print('나머지 : %d 반환' % money)
```

실행결과

```
** 자판기 판매 메뉴 **
1 : 콜라 500
2 : 사이다 500
3 : 환타 600
4 : 커피 600
5 : 생수 400

돈을 투입하세요 : 1000

메뉴 선택 (종료:0) : 1
콜라 구입완료
잔액:  500

메뉴 선택 (종료:0) : 0
자판기 종료
coin500 : 1개 반환
coin100 : 0개  반환
나머지 : 0 반환
```

11.1 종합 프로젝트 실습 1-2) 소스코드 설명

- 14~15행: 몫과 나머지 연산자를 활용하여 500원의 개수를 계산하고 나머지 잔돈을 계산한다.
- 17~18행: 몫과 나머지 연산자를 활용하여 100원의 개수를 계산하고 나머지 잔돈을 계산한다.
- 21~23행: 500원 개수와 100원 개수를 출력하고 바꾸지 못한 잔돈도 출력한다.

앞의 실습 1-2)의 미니 자판기 프로그램에서 중요한 기능을 담당하고 있는 판매 메뉴
출력, 음료와 잔액반환, 최종 잔액에 대한 동전교환 기능을 함수로 만들어 간결한 프로
그램으로 완성해 보자.

11.1 종합 프로젝트 실습 1-3) 추가 요구사항

* 자판기에서 판매되는 메뉴와 가격을 출력하는 기능을 함수로 정의한다.
(함수명 : sell_menu)
* 음료 반환과 잔액 반환 부분을 출력하는 기능을 함수로 정의한다.
(함수명 : drink)
* 최종잔액을 동전으로 교환해주는 기능을 함수로 정의한다.
(함수명 : change)
* 메인 코드에서 함수를 각각 호출한 후에 실행결과를 확인한다.

11.1 종합 프로젝트 실습 1-3) 미니 자판기 프로그램

```
def sell_menu():
```



```
def drink(price):
```



```
def change():
```

```
# 메인코드

menu=['콜라','사이다','환타','커피','생수']
price=[500,500,600,600,400]

sell_menu()

money=int(input('돈을 투입하세요 : '))
print()

drink(price)
change()
```

```
** 자판기 판매 메뉴 **
1 : 콜라 500
2 : 사이다 500
3 : 환타 600
4 : 커피 600
5 : 생수 400

돈을 투입하세요 : 1000

메뉴 선택 (종료:0) : 5
생수 구입완료
잔액:  600

메뉴 선택 (종료:0) : 1
콜라 구입완료
잔액:  100

메뉴 선택 (종료:0) : 0
자판기 종료
coin500 : 0개 반환
coin100 : 1개  반환
나머지 : 0 반환
```

11.2 전자 출석부 만들기

학교에서 매 강의시간마다 전자 출결 처리하는 프로그램을 만들어보자.

11.2 종합 프로젝트 실습 1-1) 요구사항

• 사용자에게 각 강의마다 출석인지 결석인지를 질문하여 리스트에 저장한다.

1) 한 학기 수업 주차를 입력 받는다.

2) 출석(1), 결석(0)으로 리스트에 저장한다.

3) 출석횟수와 결석 횟수를 출력한다.

한 학기 수업 주차는 15주이다.

(프로그램 테스트 : 5주차로 가정하고 테스트 해본다.)

11.2 종합 프로젝트 실습 1-1) 전자 출석부 프로그램

```
1    day=int(input('한 학기 수업주차 입력 : '))
2    att_book=[0]*day
3
4    for i in range(day):
5        print('%d주차 강의에 출석하셨나요?' % (i+1))
6        att_book[i]=int(input('출석은 1, 결석은 0 >>>'))
7
8    print(att_book)
9
10   cnt=att_book.count(0)
11   att=att_book.count(1)
12
13   print('결석 횟수 : %d' % cnt)
14   print('출석 횟수 : %d' % att)
```

실행결과

```
한 학기 수업주차 입력 : 5
1주차 강의에 출석하셨나요?
출석은 1, 결석은 0 >>>1
2주차 강의에 출석하셨나요?
출석은 1, 결석은 0 >>>1
3주차 강의에 출석하셨나요?
출석은 1, 결석은 0 >>>1
4주차 강의에 출석하셨나요?
출석은 1, 결석은 0 >>>0
5주차 강의에 출석하셨나요?
출석은 1, 결석은 0 >>>0
[1, 1, 1, 0, 0]
결석 횟수 : 2
출석 횟수 : 3
```

11.2 종합 프로젝트 실습 1-1) 소스코드 설명

- 1행: 한 학기 수업 주차를 입력받는다.
- 2행: 수업 주차 만큼 리스트를 0으로 초기화
- 4~6행: 사용자에게 출석 여부를 묻고 리스트에 저장하는 과정을 수업 주차 만큼 반복한다.
- 8행: 리스트에 저장된 출석부 내용을 전체 출력한다.
- 10행: 리스트에서 0의 개수를 계산한다.(결석횟수)
- 11행: 리스트에서 1의 개수를 계산한다.(출석횟수)
- 13행: 결석 횟수를 출력한다.
- 14행: 출석 횟수를 출력한다.

전자 출석부에서 출석률과 결석률을 '%'단위로 출력하고 결석율이 '30%이상이면' 경고 메시지를 출력하는 기능을 추가하여 프로그램의 빈 칸을 채워 완성해 보자.

11.2 종합 프로젝트 실습 1-2) 추가 요구사항

- 출석률(ansent_ratio)과 결석률(att_ratio)을 계산하여 출력한다.
- 결석률이 30%이상이면 '수업 일수 부족 입니다.'는 경고 메시지를 출력한다.

11.2 종합 프로젝트 실습 1-2) 전자 출석부 프로그램

```
1      day=int(input('한 학기 수업주차 입력 : '))
2      att_book=[0]*day
3
4      for i in range(day):
5          print('%d주차 강의에 출석하셨나요?' % (i+1))
6          att_book[i]=int(input('출석은 1, 결석은 0 >>>'))
7
8      cnt=att_book.count(0)
9      att=att_book.count(1)
10
11     ┌─────────────────────────────────────────┐
12     │                                         │
13     │                                         │
14     └─────────────────────────────────────────┘
15
16     if ratio>=0.3:
17         print('수업일수 부족입니다.')
18
19     print('결석 횟수 : %d' % cnt)
20     print('출석 횟수 : %d' % att)
21     print('결석률은 %.f%%입니다.' % absent_ratio)
22     print('출석률은 %.f%%입니다.' % att_ratio)
```

실행결과

```
한 학기 수업주차 입력 : 5
1주차 강의에 출석하셨나요?
출석은 1, 결석은 0 >>>1
2주차 강의에 출석하셨나요?
출석은 1, 결석은 0 >>>1
3주차 강의에 출석하셨나요?
출석은 1, 결석은 0 >>>1
4주차 강의에 출석하셨나요?
출석은 1, 결석은 0 >>>0
5주차 강의에 출석하셨나요?
출석은 1, 결석은 0 >>>0
수업일수 부족입니다.
결석 횟수 : 2
```

```
출석 횟수 : 3
결석률은 40%입니다.
출석률은 60%입니다.
```

11.2 종합 프로젝트 실습 1-2) 소스코드 설명

- 11행 : 결석률을 계산한다.
- 12행 : 결석률을 백분율로 계산한다.
- 13행 : 출석률을 백분율로 계산한다.
- 16~17행 : 결석률이 30% 이상이면 경고메시지를 출력한다.
- 19~20행 : 결석횟수와 출석횟수를 출력한다.
- 21~22행 : 결석률과 출석률을 백분율(%)로 출력한다.

앞의 실습 2-2)의 출석부 저장, 출석횟수와 결석횟수 계산 기능, 출석률과 결석률 계산 기능 부분을 함수로 만들어 간결한 프로그램으로 완성해 보자.

11.2 종합 프로젝트 실습 1-3) 추가 요구사항

① 출석부 저장 : save(day,att_book)
- 한 학기 수업일수와 출석부리스트를 인수로 전달한다.

② 출석 횟수와 결석 횟수 계산 : count()

③ 출석률과 결석률 계산 : radio_print()

global 예약어를 사용하여 함수 내부에서 전역변수의 값을 변경한다.

11.2 종합 프로젝트 실습 1-3)연락처 어플 프로그램

```
def save(day,att):
```

```
def count():




def ratio_print():







# 메인코드
day=int(input('한 학기 수업주차 입력 : '))
att_book=[0]*day
cnt, att=0,0
ratio,absent_ratio,att_ratio=0,0,0

save(day,att_book)
count()
ratio_print()

if ratio>=0.3:
    print('수업일수 부족입니다.')

print('결석 횟수 : %d' % cnt)
print('출석 횟수 : %d' % att)
print('결석률은 %.f%%입니다.' % absent_ratio)
print('출석률은 %.f%%입니다.' % att_ratio)
```

실행결과

```
한 학기 수업주차 입력 : 5
1주차 강의에 출석하셨나요?
출석은 1, 결석은 0 >>>1
2주차 강의에 출석하셨나요?
출석은 1, 결석은 0 >>>1
3주차 강의에 출석하셨나요?
출석은 1, 결석은 0 >>>0
```

```
4주차 강의에 출석하셨나요?
출석은 1, 결석은 0 >>>1
5주차 강의에 출석하셨나요?
출석은 1, 결석은 0 >>>0
수업일수 부족입니다.
결석 횟수 : 2
출석 횟수 : 3
결석률은 40%입니다.
출석률은 60%입니다.
```

11.3 가위바위보 게임

컴퓨터와 대결하는 가위바위보 게임을 만들어보자.

11.3 종합 프로젝트 실습 1-1) 요구사항

- 가위, 바위, 보 중에 하나를 입력한다.
- 컴퓨터는 random()모듈을 활용하여 리스트에 저장된 가위, 바위, 보 중에 하나를 선택한다.
- 승자를 출력한다.
- 만약 사람이 가위,바위,보 중에 하나를 입력하지 않으면 '입력오류'를 출력한다.

11.3 종합 프로젝트 실습 1-1) 가위,바위,보 게임

```
1    import random
2
3    a=['가위', '바위', '보']
4    human=input('가위, 바위, 보 중 하나를 입력하시오:')
5    com=a[random.randint(0,2)]
6    print('컴퓨터: %s'%com)
7    if human=='가위':
8          if com=='바위':
9              print('컴퓨터 승')
10         elif com=='보':
```

```
11          print('당신 승')
12      else:
13          print('비겼습니다')
14  elif human=='바위':
15      if com=='가위':
16          print('당신  승')
17      elif com=='보':
18          print('컴퓨터 승')
19      else:
20          print('비겼습니다')
21  elif human=='보':
22      if com=='가위':
23          print('컴퓨터 승')
24      elif com=='바위':
25          print('당신  승')
26      else:
27          print('비겼습니다')
28  else:
29      print('입력오류')
```

실행결과

```
>>>
가위, 바위, 보 중 하나를 입력하시오: 가위
컴퓨터: 바위
컴퓨터 승
```

11.3 종합 프로젝트 실습 1-1) 소스코드 설명

- 1행: random 모듈을 사용하기 위해 import한다.
- 2행: (컴퓨터가 선택할)가위, 바위, 보를 요소로 가지는 리스트를 선언한다.
- 3행: 사람이 가위, 바위, 보를 선택하여 입력한 값을 human 변수에 저장한다.
- 4행: 컴퓨터는 가위,바위,보 리스트의 요소를 하나 랜덤하게 선택하여 저장하기 위해 rand-int(0,2)를 사용한다. randint(0,2)는 0부터 2까지의 수 중에 하나의 정수를 선택하도록 한다. a[random.randint(0,2)]를 사용함으로, 앞에서 랜덤하게 선택된 수를 a리스트의 인덱스로 사용하여 해당 문자열을 추출할 수 있다. 추출된 문자열은 com변수에 저장된다.

- 5행: 가위, 바위, 보 중 컴퓨터가 선택한 값을 출력한다.
- 6: 만약, 사람이 '가위'를 냈을 때, 7~12행을 실행한다.
- 7~8행 : 컴퓨터가 '바위'를 냈다면 '컴퓨터 승'을 출력한다.
- 9~10행: 7행이 참이 아니고, 컴퓨터가 '보'를 냈다면 '당신 승'을 출력한다.
- 11~12행: 모든 조건을 만족하지 않으면(컴퓨터가 '가위'를 냈다면) '비겼습니다'를 출력한다.
- 13행: 6행이 참이 아니고 만약, 사람이 '바위'를 냈다면, 14~19행을 실행한다.
- 14~15행: 컴퓨터가 '가위'를 냈다면 '당신 승'을 출력한다.
- 16~17행: 14행이 참이 아니고, 컴퓨터가 '보'를 냈다면 '컴퓨터 승'을 출력한다.
- 18~19행 : 모든 조건을 만족하지 않으면(컴퓨터가 '바위'를 냈다면) '비겼습니다'를 출력한다.
- 20: 13행이 참이 아니고 만약, 사람이 '보'를 냈다면 21~26행을 실행한다.
- 21~22행: 컴퓨터가 '가위'를 냈다면 '컴퓨터 승'을 출력한다.
- 23~24행: 21행이 참이 아니고, 만약 컴퓨터가 '바위'를 선택했다면 '당신 승'을 출력한다.
- 25~26행: 모든 조건을 만족하지 않으면(컴퓨터가 '보'를 냈다면) '비겼습니다'를 출력한다.
- 27~28행 : 사람이 가위, 바위 중에 하나를 내지 않았으면 '입력오류'를 출력한다.

위의 가위, 바위, 보 게임은 한번 진행할 수 있는 프로그램이다. 이를 개선하여 먼저 3 승을 하면 이기는 게임으로 확장해 보자. 빈 칸을 채워 프로그램을 완성하시오.

11.3 종합 프로젝트 실습 1-2) 추가 요구사항

- 사람의 이긴 횟수와 컴퓨터가 이긴 횟수를 저장하기 위한 각 각의 변수를 선언한다.
- 사람의 이긴 횟수와 컴퓨터가 이긴 횟수 중 3승이 되면 더 이상 게임을 진행하지 않는다.
- 먼저 3승을 한 승자를 출력 한다.

11.3 종합 프로젝트 실습 1-2) 가위, 바위, 보 게임 프로그램

```
1    import random
2
3    com_count=0
4    human_count=0
5    a=["가위", "바위", "보"]
6    ┌─────────────────────────────────────┐
     └─────────────────────────────────────┘
7        com=a[random.randint(0,2)]
8        human=input('가위, 바위, 보 중 하나를 입력하시오')
9        print('컴퓨터: %s'%com)
```

```
10      if human=='가위':
11          if com=='바위':
12              print('컴퓨터 승')
13              com_count+=1
14          elif com=='보':
15              print('당신 승')
16              human_count+=1
17          else:
18              print('비겼습니다')
19      elif human=='바위':
20          if com=='가위':
21              print('당신  승')
22              human_count+=1
23          elif com=='보':
24              print('컴퓨터 승')
25              com_count+=1
26          else:
27              print('비겼습니다')
28      elif human=='보':
29          if com=='가위':
30              print('컴퓨터 승')
31              com_count+=1
32          elif com=='바위':
33              print('당신  승')
34              human_count+=1
35          else:
36              print('비겼습니다')
37      else:
38          print('입력오류')
39
40
41
42
43
```

실행결과

```
>>>
가위, 바위, 보 중 하나를 입력하시오: 가위
컴퓨터 : 바위
컴퓨터 승

가위, 바위, 보 중 하나를 입력하시오: 바위
컴퓨터 : 바위
비겼습니다

가위, 바위, 보 중 하나를 입력하시오: 보
컴퓨터 : 가위
컴퓨터 승

가위, 바위, 보 중 하나를 입력하시오: 보
컴퓨터 : 가위
컴퓨터 승

컴퓨터 승!
```

11.3 종합 프로젝트 실습 1-2) 소스코드 설명

- 2~3행: 사람의 이긴 횟수와 컴퓨터가 이긴 횟수를 저장하기 위한 각 각의 변수 com_count 와 human_count을 선언한다.
- 5행: 사람의 이긴 횟수와 컴퓨터가 이긴 횟수 중 3승이 되면 더 이상 게임을 반복하지 않는다.
- 13,16,22,25,31,34행: 사람 또는 컴퓨터가 이기면 횟수를 1씩 증가한다.
- 7~38행: 앞의 프로젝트 실습 1-1)과 동일하여 중략한다.
- 40~43행: 컴퓨터가 이긴 횟수가 사람이 이긴 횟수보다 크면 '컴퓨터 승'을 출력하고, 그렇 지 않으면 '당신 승'을 출력한다.

앞의 실습 1-2)의 가위, 바위, 보 게임에서 게임규칙이 적용되는 부분을 함수로 만들어 간결한 프로그램으로 완성해 보자.

11.3 종합 프로젝트 실습 1-3) 추가 요구사항

- 사람과 컴퓨터가 입력한 가위,바위,보를 인수로 전달하면 컴퓨터와 사람의 이긴 횟수를 리턴 값으로 받는다.
- 만약 3승이 아니라면 계속 해서 게임을 반복한다.

11.3 종합 프로젝트 실습 1-3) 가위, 바위, 보 게임

실행결과

```
>>>
>>>
가위, 바위, 보 중 하나를 입력하시오: 가위
컴퓨터 : 바위
컴퓨터 승

가위, 바위, 보 중 하나를 입력하시오: 바위
컴퓨터 : 바위
비겼습니다

가위, 바위, 보 중 하나를 입력하시오: 보
컴퓨터 : 가위
컴퓨터 승

가위, 바위, 보 중 하나를 입력하시오: 보
컴퓨터 : 가위
컴퓨터 승

컴퓨터 승!
```

11.4 연락처 어플 만들기

스마트폰을 보면 이름, 전화번호, 이메일 등을 저장하고 관리할 수 있는 주소록 어플이 있다. 파이썬으로 구현해 보자.

11.4 종합 프로젝트 실습 1-1) 요구사항

다양한 타입의 데이터가 사람 단위로 표현되어야한다. 데이터타입과 데이터 구조에서 배운 대로 정보들을 변수에 담아보자.

1) 여러 사람을 담을 수 있는 리스트 변수를 선언한다.

2) 리스트에는 사람들의 이름, 전화번호, 이메일을 한 세트로 이루는 튜플로 구성한다.

3) 메뉴는 추가(1)와 종료(0)로 구성하여, 해당 메뉴의 번호를 입력한다.

4) 메뉴에 없는 번호를 입력하면 '입력오류'를 출력한다.

5) 종료(0)을 입력하면 더 이상 연락처 정보를 추가로 저장하지 않는다.

11.4 종합 프로젝트 실습 1-1) 연락처 어플 프로그램

```
1    print('메뉴를 선택하세요')
2    print('1: 추가')
3    print('0: 종료')
4    datalist=list()
5    while True:
6
7        menu=int(input('메뉴선택:'))
8        if menu==1:
9            name=input('이름')
10           tel=input('연락처:')
11           email=input('email:')
12           datalist.append((name,tel,email))
13           print(datalist)
14
15       elif menu==0:
16           break
17       else:
18           print('입력오류')
```

```
실행결과
>>>
메뉴를 선택하세요
1.추가
0.종료

메뉴선택: 1

이름: 홍길동
연락처: 010-0000-9999
e-mail: hong@gmail.com

[('홍길동','010-0000-9999', 'hong@gmail.com')]

메뉴선택: 0
```

11.4 종합 프로젝트 실습 1-1) 소스코드 설명

- 1~3행: 연락처 메뉴정보를 출력 한다.
- 4행: 빈 리스트를 선언하여 연락처정보를 저장할 datalist에 저장한다.
- 5행: 6~18행을 반복한다.
- 7행: 해당 메뉴 번호를 입력하여 menu에 저장한다.
- 8행: 만약 메뉴번호가 1과 같다면 9행~13행을 실행한다.
- 9~11행: 이름, 연락처, e-mail 정보를 입력받아 각 변수에 저장한다.
- 12행: 9~11행에서 저장한 값을 튜플형식으로 datalist리스트에 저장한다.
- 13행: 연락처를 저장한 정보를 출력한다.
- 15~16행: 8행이 참이 아니고 메뉴번호가 0과 같다면, 반복문을 빠져 나온다.
- 17행: 모든 조건을 만족하지 않으면(메뉴번호가 1또는 0이 아니면) '입력오류'를 출력한다.

연락처 어플 프로그램에 이름 찾기 기능을 추가한다. 이름을 검색하여 연락처에 저장 되어 있으면 해당 연락처정보를 모두 출력할 수 있도록 프로그램의 빈 칸을 채워 완성 해 보자.

11.4 종합 프로젝트 실습 1-2) 추가 요구사항

- 찾기 메뉴는 메뉴번호 3으로 정한다.
- 메뉴 3번을 입력하면 검색할 사람의 이름을 입력한다.
- 만약 이름이 연락처리스트에 있으면 이름, 전화번호, e-mail이 모두 출력된다.
- 검색한 이름이 연락처 리스트에 없으면 '해당정보가 없습니다'를 출력한다.

11.4 종합 프로젝트 실습 1-2) 연락처 어플 프로그램

```
1    print('메뉴를 선택하세요')
2    print('1: 추가')
3    print('3: 찾기')
4    print('0: 종료')
5    datalist=list()
6    while True:
7
8        menu=int(input('메뉴선택:'))
9        if menu==1:
10           name=input('이름')
11           tel=input('연락처:')
12           email=input('email:')
13           datalist.append((name,tel,email))
14           print(datalist)
15       elif menu==3:
16           find_name=input('이름으로 찾기:')
17
18
19
20
21
22
23
24
25               else:
26                   print('해당정보가 없습니다')
27       elif menu==0:
28           break
29       else:
30           print('입력오류')
```

```
>>>
메뉴를 선택하세요
1.추가
3.찾기
0.종료

메뉴선택: 1

이름: 홍길동
연락처: 010-0000-9999
e-mail: hong@gmail.com

[('홍길동','010-0000-9999', 'hong@gmail.com')]

메뉴선택: 3

이름으로 찾기 : 홍길동
[('홍길동','010-0000-9999', 'hong@gmail.com')]

메뉴선택: 0
```

11.4 종합 프로젝트 실습 1-2) 소스코드 설명

- 15행: 메뉴번호가 3이라면 16~26행을 실행한다.
- 16행: 검색할 이름을 입력하여 find_name변수에 저장한다.
- 18행: 연락처 정보 리스트에 요소가 있는 동안 요소 하나씩 가지고 와서 20~26행을 반복 실행한다.
- 20행: 가지고 온 연락처정보에서 찾고자 하는 이름이 있다면 21~22행을 실행한다.
- 21행: 찾은 사람의 연락처 정보를 출력한다.
- 22행: '찾았습니다'를 출력한다.
- 25~26행: 20행이 참이 아니라면(가지고 온 연락처 정보에서 찾고자 하는 이름이 없다면) '해당정보가 없습니다'를 출력한다.

앞의 실습 2-2)의 메뉴기능 부분을 함수로 만들어 간결한 프로그램으로 완성해 보자.

11.4 종합 프로젝트 실습 1-3) 추가 요구사항

사용자가 메뉴번호를 입력하면, 선택한 번호에 따라 다음 함수를 호출하여 실행한다.

① 추가 메뉴 : add_lst(datalst)

- 연락처정보리스트를 인수로 전달한다.
- 연락처리스트에 새로운 정보를 추가한 후, 리스트를 반환한다.
- 반환된 리스트로 연락처 리스트를 갱신한다.

② 찾기 메뉴 : find_lst(find_name, datalist)

- 찾을 사람과 연락처정보리스트를 인수로 전달한다.
- 찾은 경우 해당 정보를 출력한다.
- 이때 반환값은 없다.

11.4 종합 프로젝트 실습 1-3)연락처 어플 프로그램

실행결과

```
>>>
>>>
메뉴를 선택하세요
1.추가
3.찾기
0.종료

메뉴선택: 1
```

이름: **홍길동**
연락처: **010-0000-9999**
e-mail: hong@gmail.com

[('홍길동','010-0000-9999', 'hong@gmail.com')]

메뉴선택: 3

이름으로 찾기 : **홍길동**
[('홍길동','010-0000-9999', 'hong@gmail.com')]

메뉴선택: 0

11.5 스마트 카페 메뉴 조회 시스템

스마트 카페 메뉴 조회 시스템은 사용자가 원하는 조건에 따라 메뉴 정보를 보여주는
프로그램이다. 우선 카페 메뉴를 리스트로 초기화하고, 가격별로 조회할지 종류별로
조회할지를 입력받아 해당 조건의 메뉴를 출력한다.

11.5 종합 프로젝트 실습 1-1) 요구사항

- 최저가격과 최고가격을 입력하면 가격 범위 내에 해당하는 메뉴들을 출력한다.
- 메뉴 종류를 입력하면 해당 종류의 메뉴들을 출력한다.
- 주문을 원하는 메뉴를 입력하면 해당 메뉴의 이름, 가격, 종류를 출력한다.

11.5 종합 프로젝트 실습 1-1) 스마트 카페 메뉴 조회 시스템

```
1    menu=[['에스프레소',2000,'커피'],['아메리카노',2500,'커피'],
         ['카푸치노',3000,'커피'],['카페라떼',3000,'커피'],
         ['모카라떼',3500,'커피'],['바닐라라떼',3500,'커피'],
         ['소이라떼',3500,'커피'],['피넛라떼',3700,'커피'],
         ['토피넛라떼',3700,'커피'],
```

```
              ['화이트모카',3700,'커피'],['카라멜마끼아또',4000,'커피'],
              ['프라프치노',4000,'커피'],['핫초코',3500,'음료'],
              ['레몬에이드',3500,'음료'],['청포도에이드',3500,'음료'],
              ['자몽에이드',3500,'음료'],['스무디',3500,'음료'],
              ['망고스무디',3500,'음료'],['딸기스무디',3500,'음료'],
              ['초코쿠키',2000,'디저트'],['화이트쿠키',2000,'디저트'],
              ['피넛쿠키',2000,'디저트'],['당근케이크',5000,'디저트'],
              ['초코케이크',5000,'디저트'],['치즈케이크',5000,'디저트']]
2     result = []
3     print('[스마트 카페 메뉴 목록]\n')
4     for i in menu:
5         print(i[0],end=' ')
6     print('\n')
7
8     while True:
9         choice = eval(input('1.가격별 메뉴 조회 2.종류별 메뉴 조회 3.주문 0.종료: '))
10        result = []
11        if choice<0 or choice>3:
12            print('없는 번호!')
13            continue
14        elif choice == 1:
15            min, max = eval(input('최저가격, 최고가격 입력(예:1000,2000) '))
16            for i in menu:
17                if i[1] >= min and i[1] <= max:
18                    result.append(i[:2])
19        elif choice == 2:
20            category = input('종류별 메뉴 입력(예:커피,음료,디저트) ')
21            for i in menu:
22                if i[2] == category:
23                    result.append(i[:2])
24        elif choice == 3:
25            order = input('원하는 메뉴 입력: ')
26            for i in menu:
27                if i[0] == order:
28                    result.append(i)
29        elif choice == 0:
30            print('스마트 카페 메뉴조회 시스템 종료!')
31            break
```

```
32
33        print('<입력조건의 메뉴 목록>\n')
34        print(result,end='\n\n')
```

실행결과

```
>>>
[스마트 카페 메뉴 목록]

에스프레소 아메리카노 카푸치노 카페라떼 모카라떼 바닐라라떼 소이라떼 피넛라떼
토피넛라떼 화이트모카 카라멜마끼아또 프라프치노 핫초코 레몬에이드 청포도에이드
자몽에이드 스무디 망고스무디 딸기스무디 초코쿠키 화이트쿠키 피넛쿠키
당근케이크 초코케이크 치즈케이크

1.가격별 메뉴 조회 2.종류별 메뉴 조회 3.주문 0.종료: 1
최저가격, 최고가격 입력(예:1000,2000) 2000,2500

< 입력조건의 메뉴 목록 >
[['에스프레소', 2000], ['아메리카노', 2500], ['초코쿠키', 2000],
['화이트쿠키', 2000], ['피넛쿠키', 2000]]

1.가격별 메뉴 조회 2.종류별 메뉴 조회 3.주문 0.종료: 2
종류별 메뉴 입력(예:커피,음료,디저트) 디저트

< 입력조건의 메뉴 목록 >
[['초코쿠키', 2000], ['화이트쿠키', 2000], ['피넛쿠키', 2000], ['당근케이크',
5000], ['초코케이크', 5000], ['치즈케이크', 5000]]

1.가격별 메뉴 조회 2.종류별 메뉴 조회 3.주문 0.종료: 3
원하는 메뉴 입력: 초코케이크

< 입력조건의 메뉴 목록 >
[['초코케이크', 5000, '디저트']]

1.가격별 메뉴 조회 2.종류별 메뉴 조회 3.주문 0.종료: 0
스마트 카페 메뉴조회 시스템 종료!
```

11.5 종합 프로젝트 실습 1-1) 소스코드 설명

- 1행: 카페 메뉴의 menu 리스트로 초기화한다.
- 2행: 입력조건의 메뉴 출력을 위한 result 리스트를 선언한다.
- 4~5행: 카페 메뉴의 이름을 모두 출력한다.
- 8~34행: 카페 메뉴 조회 시스템을 무한 반복한다.
- 9행: 가격별로 조회할지, 종류별로 조회할지, 주문할지, 종료할지의 번호를 입력 받는다.
- 10행: 입력조건의 메뉴 출력을 위한 result 리스트를 초기화한다.
- 11~13행: 카페 메뉴 조회를 위한 0~3 외의 번호를 입력하게 되면 오류 메시지를 출력하고 다시 번호를 입력 받는다.
- 14~15행: 가격별 메뉴 조회를 위해 1번을 입력하면 최저가격, 최고가격을 입력받아 min, max 변수에 각각 저장한다.
- 16~18행: menu 리스트에서 메뉴 하나씩을 꺼내와 i 변수에 저장 후, 꺼내온 메뉴의 두 번째(i[1])에 있는 가격이 min 변수의 최저가격 이상, max 변수의 최고가격 이하이면 첫 번째와 두 번째(i[:2])에 있는 메뉴 이름과 가격을 result 리스트에 추가한다.
- 19~20행: 종류별 메뉴 조회를 위해 2번을 입력하면 메뉴의 종류를 입력받아 category 변수에 저장한다.
- 21~23행: menu 리스트에서 메뉴 하나씩을 꺼내와 i 변수에 저장 후, 꺼내온 메뉴의 세 번째(i[2])에 있는 메뉴 종류가 입력받은 category 변수와 같으면 첫 번째와 두 번째(i[:2])에 있는 메뉴 이름과 가격을 result 리스트에 추가한다.
- 24~25행: 주문을 위해 3번을 입력하면 원하는 메뉴를 입력받아 order 변수에 저장한다.
- 26~28행: menu 리스트에서 메뉴 하나씩을 꺼내와 i 변수에 저장 후, 꺼내온 메뉴의 첫 번째(i[0])에 있는 메뉴 이름이 입력받은 order 변수와 같으면 메뉴 이름, 가격, 종류를 result 리스트에 추가한다.
- 29~31행: 프로그램 종료를 위해 0번을 입력하면 종료 메시지를 출력하고 무한 반복을 종료한다.
- 33~34행: result 변수에 저장한 입력조건의 메뉴를 출력한다.

스마트 카페 메뉴 조회 시스템은 사용자가 원하는 조건에 따라 메뉴 정보를 보여주기만 하는 프로그램이다. 이를 개선하여 주문할 때 메뉴와 수량을 입력받아 지불해야할 금액을 출력하는 스마트 카페 메뉴 조회 및 주문 시스템으로 확장한다.

11.5 종합 프로젝트 실습 1-2) 추가 요구사항

- 주문을 원하는 메뉴를 입력하면 메뉴의 수량을 입력 받는다.
- 더 이상 주문할 메뉴가 없을 때까지 위 과정을 반복하여 입력 받는다.
- 주문을 완료하면 지불해야할 금액을 출력한다.

11.5 종합 프로젝트 실습 1-2) 스마트 카페 메뉴 조회 및 주문 시스템

```
1    def payment():
2        total = 0
3        while True:
4            order = input('주문 메뉴 입력(0:종료) ')
5    ┌─────────────────────────────┐
6    └─────────────────────────────┘
7            count = int(input('수량 입력: '))
8    ┌──────────────────────────────────────────────────┐
9    │                                                  │
10   │                                                  │
11   │                                                  │
12   └──────────────────────────────────────────────────┘
13       return total
14
15   menu=[['에스프레소',2000,'커피'],['아메리카노',2500,'커피'],
         ['카푸치노',3000,'커피'],['카페라떼',3000,'커피'],
         ['모카라떼',3500,'커피'],['바닐라라떼',3500,'커피'],
                               ⋮
                               ⋮
16       elif choice == 3:
17         total = payment()
18         print('\n주문 내역 확인:',result)
19           print('지불 총금액:',total,'원\n')
20         continue
21                           ⋮
```

```
>>>
[스마트 카페 메뉴 목록]

에스프레소 아메리카노 카푸치노 카페라떼 모카라떼 바닐라라떼 소이라떼 피넛라떼
토피넛라떼 화이트모카 카라멜마끼아또 프라프치노 핫초코 레몬에이드 청포도에이드
자몽에이드 스무디 망고스무디 딸기스무디 초코쿠키 화이트쿠키 피넛쿠키
당근케이크 초코케이크 치즈케이크

1.가격별 메뉴 조회 2.종류별 메뉴 조회 3.주문 0.종료: 3
주문 메뉴 입력(0:종료) 아메리카노
```

```
수량 입력: 3
주문 메뉴 입력(0:종료) 카푸치노
수량 입력: 2
주문 메뉴 입력(0:종료) 0

주문 내역 확인: [['아메리카노', 2500, 3], [['카푸치노', 3000, 2]
지불 총 금액: 13500 원

1.가격별 메뉴 조회 2.종류별 메뉴 조회 3.주문 0.종료: 0
스마트 카페 메뉴조회 시스템 종료!
```

11.5 종합 프로젝트 실습 1-2) 소스코드 설명

- 1~13행: payment() 함수는 주문 메뉴 및 수량을 입력 받아 지불 총금액을 계산하여 반환한다.
- 2행: 지불 총금액을 저장하기 위한 total 변수를 0으로 초기화한다.
- 3~13행: 주문 메뉴 입력 및 수량 입력을 무한 반복하며 result 리스트에 저장한다.
- 5~6행: 주문 메뉴 입력 시 0을 입력하면 주문 메뉴 입력의 무한 반복을 종료한다.
- 8~10행: menu 리스트에서 메뉴 하나씩을 꺼내와 i 변수에 저장 후, 꺼내온 메뉴의 첫 번째(i[0])에 있는 메뉴 이름이 입력받은 order 변수와 같으면 메뉴 이름, 가격, 수량을 result 리스트에 추가한다.
- 11~12행: 주문 내역을 저장해 놓은 result 리스트에서 주문 메뉴 하나씩을 꺼내와 i 변수에 저장 후, 꺼내온 주문 메뉴의 가격(i[1])과 수량(i[2])을 곱하여 total 변수에 누적한다.
- 13행: total 변수를 반환한다.
- 15행~: 코드의 메인 부분으로써 11.5 종합 프로젝트 실습 1-1)과 동일하여 중략한다.
- 16~17행: 주문을 위해 3번을 입력하면 payment() 함수를 호출하여 반환 값을 total 변수에 저장한다.
- 18~20행: 주문 내역을 저장한 result 및 지불 총금액 total 을 출력하고 스마트 카페 메뉴 조회 및 주문 시스템을 다시 무한 반복한다.
- 21행~: 11.5 종합 프로젝트 실습 1-1)과 동일하여 중략한다.

카페 메뉴 조회 및 주문을 진행하는 시스템에서 현금 결제를 진행하는 프로그램으로 기능을 추가해 본다. 즉, 지불 총금액 출력 후, 현금 결제를 위하여 돈을 입력받고 거스름돈을 계산하여 출력하는 시스템을 도전해 본다.

11.5 종합 프로젝트 실습 1-3) 추가 요구사항

- 주문을 완료하면 지불해야할 금액을 출력한다.
- 현금 결제를 위하여 돈을 입력받고 거스름돈을 계산하여 출력한다.

11.5 종합 프로젝트 실습 1-3) 스마트 카페 메뉴 조회 및 주문 시스템

실행결과

```
>>>
[스마트 카페 메뉴 목록]

에스프레소 아메리카노 카푸치노 카페라떼 모카라떼 바닐라라떼 소이라떼 피넛라떼
토피넛라떼 화이트모카 카라멜마끼아또 프라프치노 핫초코 레몬에이드 청포도에이드
자몽에이드 스무디 망고스무디 딸기스무디 초코쿠키 화이트쿠키 피넛쿠키
당근케이크 초코케이크 치즈케이크

1.가격별 메뉴 조회 2.종류별 메뉴 조회 3.주문 0.종료: 3
주문 메뉴 입력(0:종료) 아메리카노
수량 입력: 3
주문 메뉴 입력(0:종료) 카푸치노
수량 입력: 2
주문 메뉴 입력(0:종료) 0

주문 내역 확인: [['아메리카노', 2500, 3], [['카푸치노', 3000, 2]
지불 총 금액: 13500 원

결제를 위한 현금 입력: 50000
지불 총 금액: 13500원, 거스름돈: 36500 원

1.가격별 메뉴 조회 2.종류별 메뉴 조회 3.주문 0.종료: 0
스마트 카페 메뉴조회 시스템 종료!
```

11.6 초간단 평점평균 계산 시스템

초간단 평점평균 계산 시스템은 수강한 강좌의 학점수, 취득학점을 입력하면 평점평균을 계산하여 출력하는 시스템이다. 즉, 수강한 강좌를 반복하여 입력하고, 입력 완료후 평점평균을 계산해 주는 프로그램이다.

11.6 종합 프로젝트 실습 1-1) 요구사항

- 수강 강좌정보 입력 화면에서 과목명, 학점수, 취득학점을 반복하여 입력 받는다.
- 더 이상 입력할 강좌가 없으면 입력 화면을 종료한다.
- 수강 강좌정보 입력 후 평점평균 확인을 입력하면 평점평균을 계산하여 출력한다.

11.6 종합 프로젝트 실습 1-1) 초간단 평점평균 계산 시스템

```
1   def subject():
2       while True:
3           title = input('과목명(0:종료) ')
4           if title == '0':
5               break
6           credit = int(input('학점 수: '))
7           grade = input('취득학점(A,B,C,F): ')
8           course.append([title,credit,grade])
9
10  def avg_grade():
11      total=0
12      result=0
13      for i in course:
14          if i[2] == 'A':
15              total += i[1]
16              result += i[1]*4.5
17          elif i[2] == 'B':
18              total += i[1]
19              result += i[1]*3.5
20          elif i[2] == 'C':
21              total += i[1]
22              result += i[1]*2.5
```

```
23              elif i[2] == 'F':
24                  total += i[1]
25          return result/total
26
27      course = []
28      while True:
29          choice = eval(input('1.수강 강좌정보 입력 2.평균평점 확인 0.종료: '))
30          if choice<0 or choice>3:
31              print('없는 번호!')
32              continue
33          elif choice == 1:
34              print('\n< 수강 강좌정보 입력 >')
35              subject()
36              print('< 수강 강좌정보 입력 종료 >\n')
37          elif choice == 2:
38              print('\n< 수강 강좌 목록 >')
39              print('과목명\t학점수\t학점')
40              print('-'*20)
41              gpa = avg_grade()
42              for i in course:
43                  print(i[0], '\t',i[1], '\t',i[2])
44              print('\n평균평점: %.2f\n' % gpa)
45          elif choice == 0:
46              print('초간단 평점평균 계산 시스템 종료!')
47              break
```

실행결과

```
>>>
1.수강 강좌정보 입력 2.평균평점 확인 0.종료: 1

< 수강 강좌정보 입력 >
과목명(0:종료) 파이썬
학점 수: 3
취득학점(A,B,C,F): A
과목명(0:종료) C언어
학점 수: 3
취득학점(A,B,C,F): B
```

```
과목명(0:종료) 0
< 수강 강좌정보 입력 종료 >

1.수강 강좌정보 입력 2.평균평점 확인 0.종료: 2

< 수강 강좌 목록 >
과목명  학점수  학점
--------------------
파이썬    3      A
C언어     3      B

평균평점: 4.00

1.수강 강좌정보 입력 2.평균평점 확인 0.종료: 0
초간단 평점평균 계산 시스템 종료!
```

11.6 종합 프로젝트 실습 1-1) 소스코드 설명

- 1~8행: subject() 함수는 수강 강좌정보를 입력 받아 course 리스트에 저장한다.
- 2~8행: 수강 강좌정보의 과목명, 학점수, 취득학점을 무한 반복하며 course 리스트에 추가한다.
- 4~5행: 과목명 입력 시 0을 입력하면 수강 강좌정보 입력의 무한 반복을 종료한다.
- 10~25행: avg_grade() 함수는 수강 강좌의 총 학점수와 총 취득학점수를 산출 후, 평균평점을 계산하여 반환한다.
- 11~12행: 총 학점수를 저장할 total 변수와 총 취득학점 수를 저장할 result 변수를 0으로 초기화한다.
- 13~16행: course 리스트에서 수강 강좌정보 하나씩을 꺼내와 i 변수에 저장 후, 꺼내온 강좌정보의 세 번째(i[2])에 있는 취득학점이 A이면 두 번째(i[1])에 있는 학점수를 total 변수에 누적하고, 학점수에 4.5를 곱하여 result 변수에 누적한다.
- 17~19행: 꺼내온 강좌정보의 세 번째(i[2])에 있는 취득학점이 B이면 두 번째(i[1])에 있는 학점수를 total 변수에 누적하고, 학점수에 3.5를 곱하여 result 변수에 누적한다.
- 20~22행: 꺼내온 강좌정보의 세 번째(i[2])에 있는 취득학점이 C이면 두 번째(i[1])에 있는 학점수를 total 변수에 누적하고, 학점수에 2.5를 곱하여 result 변수에 누적한다.
- 23~24행: 꺼내온 강좌정보의 세 번째(i[2])에 있는 취득학점이 F이면 두 번째(i[1])에 있는 학점수를 total 변수에 누적하고, 취득학점은 없으므로 result 변수에는 아무것도 저장하지 않는다.
- 25행: 총 취득학점을 저장하고 있는 result 변수를 총 학점수를 저장하고 있는 total 변수로 나눈 결과 값을 반환한다.

- 27행: 코드의 메인 부분으로써 수강 강좌정보를 저장할 course 리스트를 선언한다.
- 28~32행: 평점평균 계산을 위한 0~2 외의 번호를 입력하게 되면 오류 메시지를 출력하고 다시 번호를 입력 받는다.
- 33~36행: 수강 강좌정보를 입력 받기 위해 1번을 입력하면 subject() 함수를 호출한다.
- 37~41행: 평균평점을 계산 및 확인을 위해 2번을 입력하면 avg_grade() 함수를 호출하고, 반환 값을 gpa 변수에 저장한다.
- 42~43행: 수강 강좌정보를 저장하고 있는 course 리스트에서 수강 강좌정보 하나씩을 꺼내와 i 변수에 저장 후, 꺼내온 강좌정보의 과목명, 학점수, 취득학점을 출력한다.
- 44행: 평균평점 gpa 변수를 출력한다.

수강한 강좌의 학점수, 취득학점을 입력하면 평점평균을 계산하여 출력하는 초간단 평점평균 계산 시스템에 졸업여건을 확인해 주는 기능을 추가한다. 졸업여건은 총 등록학기, 총 학점수, 총 평균평점을 충족해야 한다.

11.6 종합 프로젝트 실습 1-2) 추가 요구사항

- 총 등록학기를 입력 받아 8학기 이상이면 졸업학기 충족, 미만이면 학기 부족을 출력한다.
- 총 학점수를 입력 받아 120학점 이상이면 졸업학점 충족, 미만이면 졸업학점 부족을 출력한다.
- 총 평균평점을 입력 받아 2.5학점 이상이면 졸업 평균평점 충족, 미만이면 졸업 평균평점 부족을 출력한다.

11.6 종합 프로젝트 실습 1-2) 초간단 평점평균 계산 및 졸업여건 확인 시스템

```
1    def graduate():
2        tot_semester = int(input('\n총 등록 학기수 입력: '))
3
4
5
6
7
```

```
8          tot_credit = int(input('\n수강 완료 학점수 입력: '))
9
10
11
12
13
14          tot_grade = float(input('\n총 평균평점 입력: '))
15
16
17
18
19
20     def subject():
21                    ⋮
22     def avg_grade():
23                    ⋮
24     course = []
25     while True:
26         choice = eval(input('1.수강 강좌정보 입력 2.평균평점 확인 3.졸업여건 확인 0.종료: '))
27                        ⋮
28         elif choice == 3:
29             graduate()
30                        ⋮
```

실행결과

```
>>>
1.수강 강좌정보 입력 2.평균평점 확인 3.졸업여건 확인 0.종료: 3

총 등록 학기수 입력: 3
5 학기 부족

수강 완료 학점수 입력: 115
5 학점 부족

총 평균평점 입력: 2.4
0.10 평균평점 낮음

1.수강 강좌정보 입력 2.평균평점 확인 3.졸업여건 확인 0.종료: 0
초간단 평점평균 계산 시스템 종료!
```

11.6 종합 프로젝트 실습 1-2) 소스코드 설명

- 1~18행: graduate() 함수는 총 등록학기, 총 학점수, 총 평균평점을 입력 받아 졸업여건 충족 여부를 확인해 준다.
- 2~6행: 총 등록 학기수를 입력 받아 8학기 이상이면 졸업학기 충족, 미만이면 졸업 학기 부족수를 출력한다.
- 8~12행: 수강 완료 학점수를 입력 받아 120학점 이상이면 졸업학점 충족, 미만이면 졸업 학점 부족수를 출력한다.
- 14~18행: 총 평균평점을 입력 받아 2.5학점 이상이면 졸업 평균평점 충족, 미만이면 졸업 평균평점 부족수를 출력한다.
- 20~23행~: subject() 함수와 avg_grade() 함수의 내용은 11.6 종합 프로젝트 실습 1-1)과 동일하여 중략한다.
- 26행: 3번에 졸업여건 확인 메뉴를 추가한다.
- 27행~: 11.6 종합 프로젝트 실습 1-1)과 동일하여 중략한다.
- 28~29행: 졸업여건 확인을 위해 3번을 입력하면 graduate() 함수를 호출한다.
- 30행~: 11.6 종합 프로젝트 실습 1-1)과 동일하여 중략한다.

초간단 평점평균 계산 및 졸업여건 확인 시스템에서 평균평점이 4.0 이상이면 장학 대상자임을 안내해 주는 프로그램으로 기능을 추가해 본다. 즉, 학기별 수강 강좌정보 입력 후 평균평점을 계산하여 학기별 장학 대상자 여부를 출력해 주고, 졸업여건을 충족하는 경우에도 졸업 장학 대상자 여부를 출력해 주는 초간단 학점 관리 시스템을 도전해 본다.

11.6 종합 프로젝트 실습 1-3) 추가 요구사항

- 수강 강좌정보 입력 후 평점평균 확인을 입력하면 평점평균을 출력하되, 평균평점이 4.0 이상이면 학기별 장학 대상자임을 출력한다.
- 졸업여건 확인을 입력하면 총 등록학기, 총 학점수, 총 평균평점에 따른 졸업여건 충족 여부를 출력하되, 졸업여건을 모두 충족하고 졸업 평균평점이 4.0 이상이면 졸업 장학 대상자임을 출력한다.

11.6 종합 프로젝트 실습 1-3) 초간단 학점 관리 시스템

실행결과

```
1.수강 강좌정보 입력 2.평균평점 확인 3.졸업여건 확인 0.종료: 1

< 수강 강좌정보 입력 >
과목명(0:종료) 파이썬
학점 수: 3
취득학점(A,B,C,F): A
과목명(0:종료) C언어
학점 수: 3
취득학점(A,B,C,F): B
과목명(0:종료) 0
< 수강 강좌정보 입력 종료 >

1.수강 강좌정보 입력 2.평균평점 확인 3.졸업여건 확인 0.종료: 2

< 수강 강좌 목록 >
과목명  학점수  학점
--------------------
파이썬   3       A
C언어   3       B
```

```
평균평점: 4.00, 장학 대상자!!

1.수강 강좌정보 입력 2.평균평점 확인 3.졸업여건 확인 0.종료: 3

총 등록 학기수 입력: 8
졸업학기 충족 완료

수강 완료 학점수 입력: 132
졸업학점 충족 완료

총 평균평점 입력: 4.1
졸업 평균평점 충족 완료

모든 졸업 요건 충족!! 졸업 장학 대상자!!

1.수강 강좌정보 입력 2.평균평점 확인 3.졸업여건 확인 0.종료: 0
초간단 학점 관리 시스템 종료!
```

11.7 이지 도서관 정보 검색 시스템

이지 도서관 정보 검색 시스템은 사용자가 입력한 검색어에 따라 도서관 정보를 출력하는 프로그램이다. 도서관 정보는 csv 파일로 저장되어 있는 자료를 리스트로 초기화하고, 검색어를 입력받아 해당 조건의 도서관 정보를 출력한다.

11.7 종합 프로젝트 실습 1-1) 요구사항

- 도서관 정보가 저장되어 있는 csv 파일을 리스트로 초기화 한다.
- 검색어를 입력받아 검색어가 포함되어 있는 도서관 정보를 출력한다.

11.7 종합 프로젝트 실습 1-1) 이지 도서관 정보 검색 시스템

- 도서관 정보 csv 파일명: library.csv
- library.csv 파일 안의 정보

인덱스 번호	0	1	2	3	4	5	6	7	8
정보	도서관 코드	도서 관명	주소	상세 주소	전화 번호	팩스	홈페 이지	개관 시간	휴관일

```python
1   from csv import *
2   file = open('library.csv', 'r')
3   read_file = reader(file)
4   library_list = []
5   for line in read_file:
6       library_list.append(line)
7   file.close()
8
9   while True:
10      search_word = input('\n검색어 입력 (종료:0) ')
11      if search_word == '0':
12          print('\n[도서관 정보 검색 시스템 종료]')
13          break
14      print('\n[도서관 정보 검색 결과]')
15      for line in library_list:
16          if search_word in line[1]:
17              print(line[1],'/',line[2],'/',line[4])
```

실행결과

```
>>>
검색어 입력 (종료:0) 성북

[도서관 정보 검색 결과]
성북정보도서관 / 서울특별시 성북구 / 02-962-1081
성북구립 청수도서관 / 서울특별시 성북구 보국문로16가길 / 02-2038-4423

검색어 입력 (종료:0) 정릉
```

```
[도서관 정보 검색 결과]
정릉도서관 / 서울특별시 성북구 정릉로 242 (정릉동) / 02-2038-9928

검색어 입력 (종료:0) 0

[도서관 정보 검색 시스템 종료]
```

11.7 종합 프로젝트 실습 1-1) 소스코드 설명

- 1행: csv 파일을 읽어올 수 있도록 csv 모듈을 import 한다.
- 2행: library.csv 파일을 읽기 모드로 열어 file 변수에 저장한다.
- 3행: file 변수를 읽어와 read_file 변수에 저장한다.
- 4행: library_list 리스트를 초기화한다.
- 5~6행: read_file 변수에 저장되어 있는 도서관 정보를 하나씩 가져와 line 변수에 저장한 후, library_list 리스트에 추가하는 과정을 반복 실행한다.
- 7행: 도서관 정보를 library_list 리스트에 모두 저장한 후 열려 있는 library.csv 파일을 닫는다.
- 9~17행: 이지 도서관 정보 검색 시스템을 무한 반복한다.
- 10행: 도서관명의 일부 검색어를 입력 받아 search_word 변수에 저장한다.
- 11~13행: 프로그램 종료를 위해 0번을 입력하면 종료 메시지를 출력하고 무한 반복을 종료한다.
- 15~17행: library_list 리스트에서 도서관 정보를 하나씩 가져와 line 에 저장한 후, 도서관명 (line[1])에 입력한 검색어(search_word)가 포함되어 있다면 도서관명, 주소, 전화번호를 출력한다.

종합 프로젝트 실습 1-1)에서 다룬 이지 도서관 정보 검색 시스템은 사용자가 입력한 검색어에 따라 출력하는 도서관 정보가 동일하다. 원하는 도서관 정보를 입력 받아 해당 정보가 출력되도록 시스템을 확장한다.

11.7 종합 프로젝트 실습 1-2) 요구사항

- 검색어를 입력받아 검색어가 포함되어 있는 도서관 정보를 검색한다.
- 검색된 도서관 정보 중에서 출력을 원하는 정보를 입력 받는다.
- 검색된 도서관 정보 중에서 입력받은 도서관 정보만을 출력한다.

11.7 종합 프로젝트 실습 1–2) 이지 도서관 정보 검색 시스템

도서관 정보 library.csv 파일에 대해서는 종합 프로젝트 실습 3–1)과 동일하다.

```
1                    :
2                    :
3    library_info = ['도서관코드','도서관명','주소','상세주소','전화번호','
     팩스','홈페이지','개관시간','휴관일']
4    while True:
5                    :
6                    :
7        print('\n제공 정보: ',library_info[2:])
8        print_info = input('\n원하는 정보 입력: ').split()
9        print('\n[도서관 정보 검색 결과]')
10       print('-'*70)
11
12       for line in library_list:
13           if search_word in line[1]:
14               print(line[1], end=' ¦ ')
15               for i in print_info:
16                   if i in library_info:
17                       print(line[library_info.index(i)], end=' ¦ ')
18               print()
19       print('-'*70)
```

실행결과

```
>>>
검색어 입력 (종료:0) 성북

제공 정보:  ['주소','상세주소','전화번호','팩스','홈페이지','개관시간','휴관일']

원하는 정보 입력: 개관시간 휴관일

[도서관 정보 검색 결과]
----------------------------------------------------------------------
성북정보도서관 ¦ 09:00~22:00 ¦ 매월 첫째, 셋째 월요일 ¦
성북구립 청수도서관 ¦ 09:00~18:00 ¦ 매주 월요일, 일요일을 제외한 법정공휴일 ¦
----------------------------------------------------------------------
```

검색어 입력 (종료:0) 성북

제공 정보: ['주소','상세주소','전화번호','팩스','홈페이지','개관시간','휴관일']

원하는 정보 입력: **주소 전화번호**

[도서관 정보 검색 결과]

성북정보도서관 ¦ 서울특별시 성북구 ¦ 02-962-1081 ¦
성북구립 청수도서관 ¦ 서울특별시 성북구 보국문로16가길 ¦ 02-2038-4423 ¦

검색어 입력 (종료:0) **0**

[도서관 정보 검색 시스템 종료]

11.7 종합 프로젝트 실습 1-2) 소스코드 설명

- ~2행: 11장 종합 프로젝트 실습 1-1)과 동일하여 중략한다.
- 3행: 도서관 정보에 대한 항목을 library_info 리스트에 초기화한다.
- 4~19행: 이지 도서관 정보 검색 시스템을 무한 반복한다.
- 5행~: 11장 종합 프로젝트 실습 1-1)과 동일하여 중략한다.
- 7행: library_info 리스트에 저장되어 있는 도서관 정보에 대한 항목을 출력한다.
- 8행: 출력을 원하는 도서관 정보 항목을 입력 받아 print_info 리스트에 저장한다.
- 9~10행: 도서관 정보 검색 결과를 위한 제목을 출력한다.
- 12~14행: library_list 리스트에서 도서관 정보를 하나씩 가져와 line 에 저장한 후, 도서관명 (line[1])을 출력한다.
- 15~17행: 이 후 출력을 원하는 도서관 정보 print_info 리스트에서 첫 번째 항목을 가져와 i 변수에 저장한 후, 첫 번째 항목(i)이 library_info 리스트의 몇 번 인덱스에 있는지 알아내어 해당 인덱스 번호로 line 리스트에 접근하여 첫 번째 항목에 대한 도서관 정보를 출력한다.
- 18행: 첫 번째 항목을 출력 후 줄을 바꿔주고, 원하는 도서관 정보를 출력할 때까지 15~18 행을 반복한다.

종합 프로젝트 실습 1-2)에서 출력을 원하는 도서관 정보 항목을 입력 받아 출력할 때, sort() 함수를 이용하여 도서관명으로 오름차순 출력하도록 개선해 본다.

11.7 종합 프로젝트 실습 1-3) 요구사항

- 검색된 도서관 정보들을 sort() 함수를 이용하여 정렬한다.
- 정렬 기준은 두 번째에 위치한 도서관명으로 오름차순 정렬한다.

11.7 종합 프로젝트 실습 1-3) 이지 도서관 정보 검색 시스템

- 도서관 정보 library.csv 파일에 대해서는 종합 프로젝트 실습 3-1)과 동일하다.
- sort() 함수는 리스트명.sort() 와 같이 작성하면 오름차순으로 정렬된다.
- 리스트명.sort(reverse=True)와 같이 작성하면 내림차순으로 정렬된다. 만약 리스트명.reverse()로 작성하면 리스트의 내용 위치가 거꾸로 뒤집어진다. 내림차순 정렬이 아님을 주의한다.
- sort() 함수에 key 매개변수를 이용하면 다양하게 정렬을 할 수 있는데, 예를 들어 리스트명.sort(key=len)와 같이 작성하면 리스트의 문자열 길이가 작은 길이에서 큰 길이 순으로 오름차순 정렬된다.
- sort() 함수의 key 값으로 람다함수를 이용하면 다중리스트의 특정 위치 항목으로 정렬이 가능하다. 즉, 리스트명.sort(key=lambda 변수:변수[인덱스번호])와 같이 작성하면 인덱스번호에 해당하는 위치의 항목을 기준으로 정렬이 가능하다. 이 문법을 이용하여 두 번째에 위치한 도서관명을 중심으로 정렬하여 출력한다.

```
실행결과
>>>

검색어 입력 (종료:0) 강남

제공 정보: ['주소','상세주소','전화번호','팩스','홈페이지','개관시간','휴관일']

원하는 정보 입력: 전화번호

[도서관 정보 검색 결과]
----------------------------------------------------------
강남 역삼 푸른솔 도서관 ¦ 02-2051-1178 ¦
강남구립못골도서관 ¦ 02-459-5522 ¦
서울특별시교육청강남도서관 ¦ 02-3448-4741 ¦
안동강남어린이도서관 ¦ 054-840-3901 ¦
----------------------------------------------------------

검색어 입력 (종료:0) 0

[도서관 정보 검색 시스템 종료]
```

종합 프로젝트 실습 1-3)을 완성했다면 두 번째에 위치한 도서관명 이외에도 정렬을 원하는 항목을 입력 받아 검색한 도서관 정보가 특정 항목에 따라 정렬되는 시스템을 도전해 본다.

PYTHON

PYTHON